실용
우크라이나어

실용 우크라이나어

이리나 즈비르(Ірина Збир) 지음

УКРАЇНСЬКА

МОВА ЯК ІНОЗЕМНА

Рівень B1-B2

HUiNE

Передмова
서문

"실용 우크라이나어" 는 이미 초급 수준의 우크라이나어를 공부한 학습자를 위해 마련되었습니다. 본 교재의 목표는 학습자가 어휘력을 향상하고, 말하기 연습 및 작문을 포함해 용어와 문법 지식을 체계화하는 데 있습니다. 교재는 18개 과로 구성되었으며, 각 과의 주제는 우크라이나 대학에서 인문학을 전공하는 학생들이 배우는 다양한 장르(예술, 과학, 언론 등)에서 발췌되었습니다. 모든 과는 다음과 같은 구조로 구성되어 있습니다.

1. 주제
2. 고려해야할 사항
3. 새로운 단어
4. 텍스트
5. 텍스트에 관한 질문
6. 동사활용
7. 어휘연습
8. 문법연습
9. 작문

본 교재의 중요한 측면 중 하나는 '우크라이나학'입니다. 학습자는 본 교재를 통해 우크라이나어를 학습함과 동시에 우크라이나, 우크라이나의 역사 · 지리 · 문화에 대한 새로운 정보를 얻게 될 것입니다. 또한, 유명한 우크라이나인들에 대해서도 학습하게 될 것입니다. 본 교재의 모든 과는 각기 독립적이라고 볼 수 있으며, 학습자는 학습 목표에 따라 순서에 상관없이 자유롭게 과를 선택하여 학습할 수 있습니다.

그럼 이 책을 공부하는 여러분 모두의 행운을 빕니다!

Підручник "***Українська мова як іноземна : Практичний курс***" створений для корейських студентів факультету українознавства Корейського університету іноземних мов Ханкук, а також всіх охочих, які вже оволоділи українською мовою на початковому рівні. Мета підручника – розширити словниковий запас, узагальнити та систематизувати знання з лексики, граматики, синтаксису; активізувати навички усного та писемного мовлення корейських студентів. Підручник складається із 18 уроків. Добірку навчальних тем доповнено уривками із текстів різних стилів (художнього, наукового, публіцистичного), які в подальшому будуть вивчати корейські студенти під час навчання у вищих навчальних закладах України гуманітарного профілю. Усі уроки мають однакову структуру:

1. Тема уроку

2. Питання-роздуми

3. Нові слова

4. Текст

5. Питання до тексту

6. Керування дієслів

7. Лексичні вправи

8. Граматичні вправи

9. Твір-роздум

Одним із аспектів цього підручника є українознавчий. Він полягає в тому, щоб у процесі вивчення мови корейські студенти отримали певний обсяг інформації про Україну, її історію, географію, культуру, ознайомилися із персоналіями відомих українців минулого й сучасності тощо. Кожен урок підручника є завершеним і самодостатнім, тому послідовність вибору тем може бути довільною і залежить від навчальної та комунікативної мети.

Бажаємо всім успіхів!

ЗМІСТ
목차

Урок
01

Місто Львів

제1과 르비우 시

1 Дайте відповіді на запитання:

다음 질문에 답하시오.

1) Коли Ви вперше дізналися про місто Львів?

2) Чи знаєте Ви, в якій частині України розташоване місто Львів?

3) Чи були Ви у Львові?

Площа Ринок(르비우 중심가)

Театр опери та балету
(르비우 국립 오페라-발레 극장)

2 Прочитайте слова до теми:

주제와 관련된 단어를 읽으시오.

регіон, *-у*	지역, 지방
перехрестя, *-я*	기로, 교차로
шлях, *-у*	길, 도로
торгівля, *-і*	무역
фестиваль, *-ю*	축제
саміт, *-у*	정상회담
освіта, *-и*	교육
стиль, *-ю*	스타일, 유형
місцевість, *-вості*	지역, 지구, 행정구
змога, *-и*	기회
інвестиційний, *-а, -е, -і*	투자의
подібний, *-а, -е, -і*	유사한
курортний, *-а, -е, -і*	리조트의

покращуватися, *-уюся, -уєшся* покращитися, *-щуся, -щишся*	*як? де?*	향상되다, 개선되다
проводити, *-джу, -диш* провести, *-еду,-едеш*	*що? як? де?*	열리다, 개최하다
відбуватися, *-аюся, -аєшся* відбутися, *-будуся, -будешся*	*як? де?*	발생하다, 일어나다
ознайомлюватися, *-юся, -юєшся* ознайомитися, *-млюся, -мишся*	*з чим? де?*	친해지다, 잘 알게 되다
зачаровувати, *-ую, -уєш* зачарувати, *-ую, -уєш*	*кого? що? чим?*	매혹하다, 마음을 사로잡다
оглядати, *-аю, -аєш* оглянути, *-ну, -неш*	*кого? що?*	둘러보다, 살펴보다

Зверніть увагу! [주의!]

ЮНЕСКО = UNESCO (유엔교육과학문화기구)

3 Прочитайте текст і зверніть увагу на нові слова:
새로운 단어에 유의하며, 텍스트를 읽어봅시다.

Львів – велике місто України, найважливіший політичний та культурний центр західного регіону держави. Львів зручно розташований на перехресті шляхів зі Заходу на Схід. Це дає змогу місту брати участь у міжнародній торгівлі, інвестиційних і культурних проектах. Зараз у Львові покращується робота транспорту, будують багато сучасних будинків, готелів, ресторанів, супермаркетів тощо. У місті щорічно проводять міжнародні промислові виставки, наукові конференції, фестивалі. У травні 1999 року тут відбувся Шостий саміт президентів країн Центральної та Східної Європи.

Сьогодні місто є важливим центром освіти, науки і культури. У 17-ти університетах та інститутах щорічно навчаються понад 100 тисяч студентів. У Львові є багато бібліотек і музеїв, де можна ознайомитися з історією та культурою міста; театрів і концертних залів, де можна послухати класичну і сучасну музику, подивитися виставу, балет тощо.

Стародавній Львів, не подібний до жодного міста світу, має багато історичних пам'яток архітектури різних стилів мистецтва XIII–XX століть. Центральна частина Львова є у списку Світової спадщини ЮНЕСКО, як одна з найважливіших історичних пам'яток світу. Старі будинки, церкви, вулиці зачаровують своєю красою жителів і гостей міста. Кожного року до Львова приїжджає багато туристів, які оглядають не тільки місто, а й прекрасні місця Львівщини – старовинні замки, курортні місцевості, гори Карпати...

(За путівником "Львів")

4 Дайте відповіді на запитання:

질문에 답하시오.

1) Яке місто є найважливішим політичним та культурним центром західного регіону України?

2) Де розташований Львів?

3) На перехресті яких шляхів знаходиться Львів?

4) У чому бере активну участь місто?

5) Що змінюється у Львові зараз?

6) Що відбулося у місті у травні 1999 року?

7) У якому списку є місто Львів?

8) Скільки студентів щорічно навчається в університетах та інститутах Львова?

9) Які історичні пам'ятки є у Львові?

10) Що туристи оглядають у Львові та на Львівщині?

Запам'ятайте керування дієслів:

동사의 활용을 암기합시다.

покращуватися, *-уюся, -уєшся* покращитися, *-щуся, -щишся*	*як? де?*
проводити, *-джу, -диш* провести, *-еду, -едеш*	*що? як? де?*
відбуватися, *-аюся, -аєшся* відбутися, *-будуся, -будешся*	*як? де?*
ознайомлюватися, *-юся, -юєшся* ознайомитися, *-млюся, -мишся*	*з чим? де?*
зачаровувати, *-ую, -уєш* зачарувати, *-ую, -уєш*	*кого? що? чим?*
оглядати, *-аю, -аєш* оглянути, *-ну, -неш*	*кого? що?*

5 Складіть речення з цими дієсловами:

위의 동사들을 이용하여 작문하시오.

---

6 Поставте пропущені слова у реченні:

빈칸을 채워 문장을 완성하시오.

1) Львів зручно ________ на перехресті шляхів зі Заходу на Схід.

2) Розташування на перехресті шляхів зі Заходу на Схід ________ місту брати участь у міжнародній торгівлі, інвестиційних і культурних проектах.

3) Зараз у Львові ________ робота транспорту, ________ багато сучасних будинків, готелів, ресторанів, супермаркетів тощо.

4) У місті щорічно ________ міжнародні промислові виставки, наукові конференції, фестивалі.

5) У травні 1999 року тут ________ Шостий саміт президентів країн Центральної та Східної Європи.

6) Сьогодні місто ________ важливим центром освіти, науки і культури.

7) У 17-ти університетах та інститутах щорічно ________ понад 100 тисяч студентів.

8) Стародавній Львів, не подібний до жодного міста світу, ________________ багато історичних пам'яток архітектури різних стилів мистецтва XIII–XX століть.

9) Старі будинки, церкви, вулиці ________________ своєю красою жителів і гостей міста.

10) Кожного року до Львова ________________ багато туристів, які оглядають не тільки місто, а й прекрасні куточки Львівщини.

7 Знайдіть у тексті словосполучення у Родовому відмінку множини:

텍스트에서 복수생격으로 된 구절을 찾으시오.

____

____

____

____

____

____

____

8 Напишіть слова в дужках у потрібному відмінку:

괄호 안에 제시된 단어를 알맞게 격변화시켜 빈칸을 채우시오.

Зразок

Місто заворожує красою (свої пам'ятки).
Місто заворожує красою **своїх пам'яток.**

1) Культурне надбання зберігається у фондах (бібліотеки, музеї) ________________.

2) У нашій бібліотеці є багато (книжки, журнали) ________________.

3) Сьогодні студенти не мають (уроки) ________________.

4) Львів є джерелом (естетичні враження) ________________.

5) До Львова приїжджають вчитися студенти з (різні країни) ________________.

6) Люди люблять розглядати архітектуру (давні міста) ________________.

9 Знайдіть у тексті словосполучення у Місцевому відмінку множини:

위의 텍스트에서 전치격으로 된 구절을 찾으시오.

____

____

____

____

____

____

10 Напишіть речення за зразком:

아래에 제시된 예시와 같이 주어진 문장을 완성하시오.

Зразок

_______________ (міста) України вчаться тисячі студентів.
У містах України вчаться тисячі студентів.

1) _______________ (інститути) щороку вчиться багато студентів.

2) Сьогодні _______________ (музеї) відбуваються гарні виставки.

3) Нові студенти з Китаю і Кореї будуть вчитися _______________ (підготовчі факультети).

4) Ці молоді інженери хочуть працювати _______________ (заводи, лабораторії).

5) _______________ (сьогоднішні газети) пишуть багато цікавого про політичну та економічну ситуацію в Україні.

6) Цікаві оповідання містяться (книжки, збірники) _______________ відомих письменників.

Складні речення зі сполучниками який, яка, яке, які у Місцевому відмінку

Я вчуся в університеті, **в якому (де?)** працюють чудові викладачі.
Це міста, **в яких (де?)** я ще не був.

11 Знайдіть у тексті складні речення зі сполучниками який, яка, яке, які у Місцевому відмінку:

위의 텍스트에서 관계대명사(який, яка, яке, які)를 사용하여 전치격을 표현한 복문을 찾으시오.

12 Допишіть речення:

괄호 안의 질문에 맞게 문장을 완성하시오.

1) Я хочу вчитися в інституті, в якому (де?)

....

2) Мій друг був на фабриці, на якій (де?)

....

3) У світі є багато міст, в яких (де?)

....

4) Ми любимо ходити в супермаркет „Арсен", в якому (де?)

....

5) Моя подруга вчиться в Академії мистецтв, в якій (де?)

....

6) Це чудовий клуб, в якому (де?)

....

Складні речення зі сполучниками який, яка, яке, які у Називному відмінку

Я вчуся в університеті, **який (що)** мені дуже подобається.

Це міста, **які (що)** мають давню архітектуру.

13 Знайдіть у тексті складні речення зі сполучниками який, яка, яке, які у Називному відмінку:

위의 텍스트에서 관계대명사(який, яка, яке, які)를 사용하여 주격을 표현한 복문을 찾으시오.

14 **Напишіть 4 складні речення зі сполучниками який, яка, яке, які у Називному відмінку:**

관계대명사(який, яка, яке, які)가 주격으로 사용되는 4개의 복문을 작성하시오.

15 **Напишіть коротку розповідь на тему: "Моє рідне місто" або "Місто, в якому я хочу жити".**

다음의 주제로 짧은 글을 쓰시오.
"내가 태어난 도시" 혹은 "내가 살고 싶은 도시"

Урок 02

Погода

제2과 날씨

1 Дайте відповіді на запитання:
다음 질문에 답하시오.

1) Чи знаєте Ви, як визначають погоду?

2) Хто і де визначає погоду?

3) Що впливає на погоду?

Погода(날씨)

2 Прочитайте слова до теми:

주제와 관련된 단어를 읽으시오.

поняття, *-я*	개념
показник, *-а*	표시기, 지표
стан, *-у*	상태, 상황, 형편
тиск, *-у*	압력
вологість, *-гості*	습도, 습기
хмарність, *-ності*	흐림, 어두침침함
опади, *-ів*	강우, 강수량
простір, *-тору*	공간
прогноз, *-у*	일기예보
атмосфера, *-и*	대기, 기압
метеорологія, *-ії*	기상학

взаємопов'язаний, *-а, -е, -і*	서로 연결된

визначати, *-аю, -аєш* визначити, *-чу, -чиш*	*що? де? як?*	정하다, 결정하다
змінюватися, *-ююся, -юєшся* змінитися, *-нюся, -нишся*	*де? як?*	변하다, 변화하다, 달라지다
складати, *-аю, -аєш* скласти, *складу, складеш*	*що? куди? як?*	나란히 놓다, 작성하다, 수집하다
спостерігати, *-аю, -аєш* спостерегти, *-ежу, -ежеш*	*за ким? за чим? де? як?*	관측하다, 주의해서 보다

3 Прочитайте текст і зверніть увагу на нові слова:
새로운 단어에 유의하며, 텍스트를 읽어봅시다.

Поняття "погода" – це шість показників стану повітря: температура повітря, атмосферний тиск, вітер, вологість повітря, хмарність та атмосферні опади. Усі ці показники можуть змінюватися у часі та в просторі.

Отже, погода – це стан повітря в певний час і в певному місці.

Стан погоди потрібно знати людям багатьох професій: морякам і пілотам, будівельникам і водіям, але особливо – працівникам сільського господарства. Тому дуже важливо складати прогноз погоди. Наука, що вивчає атмосферу Землі та зміни основних показників стану повітря, називається метеорологією. Спостерігають за погодою на метеорологічних станціях. Ці станції розташовані на території всієї земної кулі.

Усі показники стану повітря взаємопов'язані та коли змінюється один із показників, тоді також змінюються всі інші...

Знаючи це, можна скласти прогноз погоди на найближчий час і на майбутнє.

(За підручником "Географія: Довідник для абітурієнтів та школярів загальноосвітніх навчальних закладів")

4 Дайте відповіді на запитання:
질문에 답하시오.

1) Що означає поняття "погода"?

2) Де і коли можуть змінюватися всі показники погоди?

3) Людям яких професій треба знати стан погоди?

4) Як називається наука, яка вивчає атмосферу Землі та зміни основних показників стану повітря?

5) Де спостерігають за погодою?

6) Де розташовані метеорологічні станції?

7) Як пов'язані всі показники стану повітря?

8) Як можна скласти прогноз погоди?

Запам'ятайте керування дієслів:

동사의 활용을 암기합시다.

визначати, *-аю, -аєш* визначити, *-чу, -чиш*	*що? де? як?*
змінюватися, *-ююся, -юєшся* змінитися, *-нюся, -нишся*	*де? як?*
складати, *-аю, -аєш* скласти, *складу, складеш*	*що? куди? як?*
спостерігати, *-аю, -аєш* спостерегти, *-ежу, -ежеш*	*за ким? за чим? де? як?*

5 Складіть речення з цими дієсловами:

위의 동사들을 이용하여 작문하시오.

6 Поставте пропущені слова у реченні:

빈칸을 채워 문장을 완성하시오.

1) Поняття “погода” ______________ шість показників стану повітря.

2) Показники погоди можуть ______________ у часі та в просторі.

3) Стан погоди потрібно ______________ людям багатьох професій.

4) Дуже важливо ______________ прогноз погоди.

5) Наука, що вивчає атмосферу Землі та зміни основних показників стану повітря, ______________ метеорологією.

6) Метеорологічні станції ______________ по території всієї земної кулі.

Можна + дієслово доконаного виду

Можна + 완료형 동사

Де?	можна	Що зробити?
У магазині	можна	купити
У кафе	можна	поїсти

7 **Знайдіть у тексті речення з конструкцією Можна + дієслово доконаного виду:**
텍스트에서 Можна + '완료형 동사'로 구성된 구절을 찾으시오.

8 **Напишіть 4–5 речень із конструкцією Можна + дієслово доконаного виду:**
Можна + '완료형 동사' 구조를 가진 4~5개의 문장을 쓰시오.

Дієслово могти – змогти + *що робити? що зробити?*
Я **можу** швидко **читати**.
Він **зможе прочитати** цю статтю завтра.

9 Складіть 4–5 речень з дієсловом могти – змогти:

могти – змогти 동사를 이용하여 4-5개 문장을 쓰시오.

10 Напишіть коротку розповідь на тему: "Чи може сучасна людина жити без прогнозу погоди? Чому? Чи знаєте Ви, як визначали погоду раніше у Вашій країні?"

다음의 주제로 짧은 글을 쓰시오.
"현대인은 과연 일기예보 없이 살 수 있을까? 이유는? 각자의 나라에서는 과거에 어떻게 날씨를 예측했는지 알고 있습니까?"

Урок 03

Мова _ найбільший скарб народу

제3과 언어는 민족의 가장 큰 보물

1 Дайте відповіді на запитання:
다음 질문에 답하시오.

1) Як Ви думаєте, чим є мова для кожного народу?

2) Чи знаєте Ви народи, які не мають власної мови?

3) Яка Ваша рідна мова, чи змінювалася вона протягом років? Якщо так, то чому?

2 Прочитайте слова до теми:

주제와 관련된 단어를 읽으시오.

скарб, *-у*	보물
зв'язок, *-зку*	연결, 관련, 관계
покоління, *-я*	세대
спадщина, *-и*	유산, 전통
нащадок, *-дка*	후손

духовний, *-а, -е, -і*	정신의, 영혼의
цілий, *-а, -е, -і*	전체의, 완전한

відбиватися, *-аюся, -аєшся* відбитися, *відіб'юся, відіб'єшся*	*у чому? у кому?*	반영되다, 표현되다
з'єднувати, *-ую, -уєш* з'єднати, *-аю, -аєш*	*що? кого? з ким? з чим?*	연결하다, 연합하다
зникати, *-аю, -аєш* зникнути, *-ну, -неш*	*як? звідки?*	사라지다, 소멸되다
відбирати, *-аю, -аєш* відібрати, *відберу, -береш*	*що? кого? у кого?*	빼앗다, 탈취하다
вимирати, *-аю, -аєш* вимерти, *вимру, -мреш*	*як? коли?*	멸망하다, 쇠퇴하다

3 Прочитайте текст і зверніть увагу на нові слова:
새로운 단어에 유의하며, 텍스트를 읽어봅시다.

Мова народу – найкращий і найбільший скарб усього його духовного життя, яке починається далеко в минулому. У мові живе весь народ і вся батьківщина. Проте в мові відбивається не тільки природа рідної країни, але й уся історія духовного життя народу.

Мова є найважливішим, найбагатшим і наймiцнішим зв'язком, що з'єднує минулі, сучасні та майбутні покоління народу в одне велике, історичне живе ціле. Коли зникає мова – народу нема! Поки жива мова, до того часу живий і народ. Найгірше те, коли в народу хочуть відібрати мову, його духовну спадщину. Нову батьківщину може створити народ, але мови – ніколи: вимерла мова – вимер і народ ...

(За К. Ушинським)

4 Дайте відповіді на запитання:
질문에 답하시오.

1) Чим є мова для народу?

2) Що живе в мові?

3) Що відбивається у рідній мові?

4) Що з'єднує мова?

5) Що відбувається, коли зникає мова?

6) Що є найгіршим для народу?

7) Що ніколи не зможе створити народ?

8) Як Ви думаєте, чи справді, мова народу – це його найбільший скарб? Чому?

Запам'ятайте керування дієслів:

동사의 활용을 암기합시다.

відбиватися, *-аюся, -аєшся* відбитися, *відіб'юся, відіб'єшся*	*у чому? у кому?*
з'єднувати, *-ую, -уєш* з'єднати, *-аю, -аєш*	*що? кого? з ким? з чим?*
зникати, *-аю, -аєш* зникнути, *-ну, -неш*	*як? звідки?*
відбирати, *-аю, -аєш* відібрати, *відберу, -береш*	*що? кого? у кого?*
вимирати, *-аю, -аєш* вимерти, *вимру, -мреш*	*як? коли?*

5 Складіть речення з цими дієсловами:

위의 동사들을 이용하여 작문하시오.

6 Підберіть синоніми до поданих слів:

제시된 단어들의 동의어를 고르시오.

батьківщина –

скарб –

7 Підберіть антоніми до поданих слів:

제시된 단어들의 반의어를 고르시오.

з'єднувати –

життя –

8 Поставте пропущені слова у реченні:

빈칸을 채워 문장을 완성하시오.

1) Мова народу – найкращий і найбільший скарб усього його духовного життя, яке ________________ далеко в минулому.

2) У мові ________________ весь народ і вся батьківщина.

3) Проте в мові ________________ не тільки природа рідної країни, але й уся історія духовного життя народу.

4) Мова ________________ минулі, сучасні та майбутні покоління народу в одне велике, історичне живе ціле.

5) Коли ________________ мова – народу нема!

6) Найгірше те, коли в народу хочуть ________________ мову, його духовну спадщину.

Ступені порівняння прикметників і прислівників

형용사와 부사의 비교급, 최상급

цікав-ий весел-ий добр-ий	цікав-***іш***-ий весел-***іш***-ий кращ-ий	***най***- цікавіший ***най***-веселіший ***най***-кращий
цікав-о весел-о добр-е	цікав-***іш***-е весел-***іш***-е кращ-е	***най***- цікавіше ***най***-веселіше ***най***-краще

9 Знайдіть у тексті слова у вищому і найвищому ступенях порівняння:

위의 텍스트에서 비교급과 최상급으로 사용된 단어들을 찾으시오.

10 Утворіть форму найвищого ступеня порівняння:

아래의 예시와 같이 문장을 최상급으로 만드시오.

Зразок

Це відомі письменники.
Ці письменники – **найвідоміші.**

1) Це відомі композитори. ____________________

2) Це цікавий роман. ____________________

3) Це глибоке море. ____________________

4) Це вузька річка. ____________________

5) Син подарував матері гарні квіти. ____________________

6) Я взяв старий словник. ____________________

11 Виберіть необхідне слово, поставте його у потрібній формі і напишіть:

괄호 안에 제시된 단어를 문장에 맞게 알맞은 형태로 바꾸어 쓰시오.

1) Іван читає ____________, ніж Олесь. (добре)

2) Ця країна ____________ за нашу. (бідна)

3) Це ____________ країна. (багата)

4) Це морозиво ________, яке я їв будь-коли. (смачне)

5) Я бігаю ________, а мій брат ще ________. (швидко)

6) Цей фільм ________. (цікавий)

12 Знайдіть у тексті словосполучення у Місцевому відмінку однини:

위의 텍스트에서 단수 전치격의 구절을 찾으시오.

13 Дайте відповіді на запитання, використовуючи слова в дужках.

괄호 안에 제시된 단어들을 활용하여 질문에 답하시오.

1) У якому місті ви живете? (велике південне місто)

2) У якому будинку живе ваша сім'я? (старий гарний будинок)

3) На котрому поверсі ваша кімната? (другий поверх)

4) На якому заводі працює ваш старший брат? (новий хімічний завод)

5) У якому клубі ви буваєте? (студентський клуб)

6) У якому магазині ви купуєте книжки? (книжковий магазин)

7) У якому кінотеатрі ви дивитеся фільм? (новий кінотеатр)

8) На якому факультеті вчиться ваша подруга? (факультет іноземних мов)

9) На якій вулиці розташований ваш гуртожиток? (тиха зелена вулиця)

10) У якій кімнаті ви живете? (велика світла кімната)

14 Знайдіть у тексті словосполучення у Знахідному відмінку однини і множини:

위의 텍스트에서 단수/복수 대격으로 사용된 구절을 찾아 쓰시오.

15 Утворіть речення, використовуючи слова справа.

우측의 단어를 사용하여 문장을 완성하시오.

На столі лежать _______.
Я купив у кіоску _______.
Ми читали про Тараса Шевченка _______.

сьогоднішні газети

У мене є _______.
Хто забув у класі _______.
Мої книжки і зошити лежать _______.

великий чорний портфель

Учора в нас була _______.
Ми говорили _______.
Студенти уважно слухали _______.

цікава лекція

Скільки коштує _______?
Я хочу купити _______.
Мої речі лежать _______.

ця невелика валіза

У сусідній кімнаті живуть _______.
Я ще не бачив _______.
Що ти знаєш _______?

наші нові студенти

Складні речення зі сполучниками а, але, та (і)

а, але, та(і) 접속사를 이용한 복문

Складні речення зі сполучниками **а, але, та** виражають протиставлення (зіставлення) дій, подій, явищ, станів.

Сьогодні гарна погода, **а** вчора дув сильний вітер і падав дощ.
Мій брат добре володіє українською мовою, **але** погано англійською мовою.
Малюк знайшовся, **і** мама зраділа.

16 Знайдіть у тексті складні речення зі сполучниками а, але:

위의 텍스트에서 а, але 와 같은 접속사를 사용한 복문을 찾으시오.

17 Допишіть речення:

문장을 완성하시오.

1) Я люблю працювати, а ____________________

2) Мені подобається вивчати іноземні мови, але ____________________

3) Усі люди прагнуть миру, але ____________________

4) Ми живемо у старовинному і гарному місті, а ____________________

5) Минулого року мій друг побував у Греції, а ____________________

6) Недалеко від нашого університету розташований ресторан "Пузата хата ", але ____________________

18 Напишіть коротку розповідь на тему: "Мова народу – це його найбільший скарб".

다음의 주제로 짧은 글을 쓰시오.
"민족에게 언어는 최고의 보물이다"

Урок 04

Тарас Шевченко

제4과 타라스 쉐브첸코

1 Дайте відповіді на запитання:
다음 질문에 답하시오.

1) Чи знаєте Ви, ким був Тарас Шевченко?

2) Коли Ви вперше почули це ім'я і щось дізналися про нього?

3) Що писав Тарас Шевченко, які його твори Ви читали?

Автопортрет Тараса Шевченка
(타라스 셰브첸코 자화상)

2 Прочитайте слова до теми:

주제와 관련된 단어를 읽으시오.

людство, *-а*	인류, 인간성
кріпак, *-а*	농노
борець, *-рця*	전사
революціонер, *-а*	혁명가
цар, *-я*	차르(러시아 황제)
кат, *-а*	독재자, 폭군
покоління, *-я*	세대, 시대
спадщина, *-и*	유산, 전통
заслання, *-я*	추방, 망명

безсмертний, *-а, -е, -і*	불멸의, 불사의
гноблений, *-а, -е, -і*	압제적인, 가혹한
скорений, *-а, -е, -і*	순종하는, 묵묵히 따르는
кріпацький, *-а, -е, -і*	농노의
цілий, *-а, -е, -і*	전체의

ставати, *стаю, стаєш* стати, *стану, станеш*	*ким? чим?*	~이 되다
боятися, *боюся, боїшся* побоятися, *-оюся, -оїшся*	*кого? чого? за кого? за що?*	두려워하다
арештовувати, *-ую, -уєш* арештувати, *-ую, -уєш*	*кого? за що?*	체포하다, 감금하다
повертатися,*-аюся, -аєшся* повернутися, *-нуся, -нешся*	*куди? звідки?*	되돌아가다
відправляти, *-яю, -яєш* відправити, *-влю, -виш*	*кого? що? куди? звідки?*	보내다
ненавидіти, *-джу, -диш*	*кого? що? за що?*	증오하다
вважати, *-аю, -аєш*	*кого? що?*	여기다, 생각하다

3 Прочитайте текст і зверніть увагу на нові слова:
새로운 단어에 유의하며, 텍스트를 읽어봅시다.

Тарас Шевченко народився на українській землі, проте він був тією людиною, що стає дорогою і безсмертною для всього людства.

Він був поетом, якого ми до того часу не мали: поетом для всіх, поетом народним, поетом гноблених, але не скорених. Тарас Шевченко народився у кріпацькій сім'ї і сам був кріпаком, але він став борцем, революціонером...

Його боялися царі. Його ненавиділи пани. Коли Тараса Шевченка заарештували і відправили на заслання, мабуть, ті кати вважали, що він вже ніколи не повернеться. А поет повернувся до рідної своєї України.

До всіх народів, до цілого людства приходить сьогодні Шевченко. Кожен народ читатиме Шевченка по-своєму, як по-своєму читає його кожне нове покоління і бере з його спадщини те, що на цьому етапі історії є найближчим для сучасних людей.

(За О. Гончарем)

4 Дайте відповіді на запитання:

질문에 답하시오.

1) Де народився Тарас Шевченко?

2) Ким був Тарас Шевченко?

3) Хто його боявся і ненавидів?

4) Яке місце Тараса Шевченка в житті українського народу?

5) Чому його поезію читають люди різних поколінь?

6) Чи ім'я поета відоме лише в Україні, чи в цілому світі?

7) З ким із відомих поетів і письменників у світі Ви б порівняли Тараса Шевченка

5 Знайдіть у тексті спільнокореневі слова до поданих слів:

아래 주어진 단어와 공통의 어근을 가진 단어를 위의 텍스트에서 찾으시오.

кріпак – ....

людина – ....

6 Підберіть антоніми до поданих слів:

제시된 단어들의 반의어를 고르시오.

ненавидіти – ....

безсмертний – ....

Запам'ятайте керування дієслів:
동사의 활용을 암기합시다.

ставати, *стаю, стаєш* стати, *стану, станеш*	*ким? чим?*
боятися, *боюся, боїшся* побоятися, *-оюся, -оїшся*	*кого? чого? за кого? за що?*
арештовувати, *-ую, -уєш* арештувати, *-ую, -уєш*	*кого? за що?*
повертатися,*-аюся, -аєшся* повернутися, *-нуся, -нешся*	*куди? звідки?*
відправляти, *-яю, -яєш* відправити, *-влю, -виш*	*кого? що? куди? звідки?*
ненавидіти, *-джу, -диш*	*кого? що? за що?*
вважати, *-аю, -аєш*	*кого? що?*

7 Складіть речення з цими дієсловами:
위의 동사들을 이용하여 작문하시오.

8 Напишіть майбутній час поданих слів:

아래 제시된 단어의 미래시제를 쓰시오.

ставати ____________________

стати ____________________

боятися ____________________

побоятися ____________________

арештовувати ____________________

арештувати ____________________

повертатися ____________________

повернутися ____________________

відправляти ____________________

відправити ____________________

ненавидіти ____________________

вважати ____________________

9 Поставте пропущені слова у реченні:

빈칸을 채워 문장을 완성하시오.

1) Тарас Шевченко ____________ на українській землі.

2) Він ____________ поетом, якого ми до того часу не мали.

3) А поет ____________ до рідної своєї України.

4) До всіх народів ____________ нині Тарас Шевченко.

5) Кожен народ _______________ Тараса Шевченка по-своєму, як по-своєму читає його кожне нове наступне покоління.

6) Його _______________ пани.

Складні речення місця

장소/위치/방향을 나타내는 복문

Складні речення місця вказують на місце або напрям дії, про яку йдеться в головному реченні і відповідають на питання **де? куди? звідки?** Вони можуть уточнювати місце, де відбувається дія **(там, тут, туди, звідти, скрізь, всюди)** і приєднуються сполучниками **де, куди, звідки**.
Ми зупинилися там (де?), **де** дорога повертала вліво.
Потім ми пішли туди (куди?), **куди** вела стежина.
Веселий сміх доносився (звідки?), **де** гралися діти.

10 Допишіть складні речення місця.

장소를 나타내는 복문을 완성하시오.

I. Студенти поїхали туди, де _______________

Студенти поїхали туди, куди _______________

Студенти поїхали туди, звідки _______________

II. Я ходив там, де _______________

Я ходив там, куди _______________

Я ходив там, звідки _______________

III. Ми вже повернулися звідти, де _______________

Ми вже повернулися звідти, куди _______________

Ми вже повернулися звідти, звідки _______________

11 Напишіть 3 складні речення місця.

장소를 나타내는 3개의 복문을 쓰시오.

12 Напишіть коротку розповідь на тему: "Чи у Вашій національній літературі є поет чи письменник, якого можна назвати народним? Що Ви знаєте про нього?"

다음의 주제로 짧은 글을 쓰시오.
"각자의 민족문학 내 국민시인 혹은 작가로 불리는 인물이 있습니까? 당신은 그(그녀)에 대해 무엇을 알고 있습니까?

Урок 05

Індійський океан

제5과 인도양

1 Дайте відповіді на запитання:

다음 질문에 답하시오.

1) Чи знаєте Ви, скільки океанів є на нашій планеті? Як вони називаються?

2) Де знаходиться Індійський океан, які материки він омиває?

3) Чи були Ви на березі океану, купалися в океані тощо?

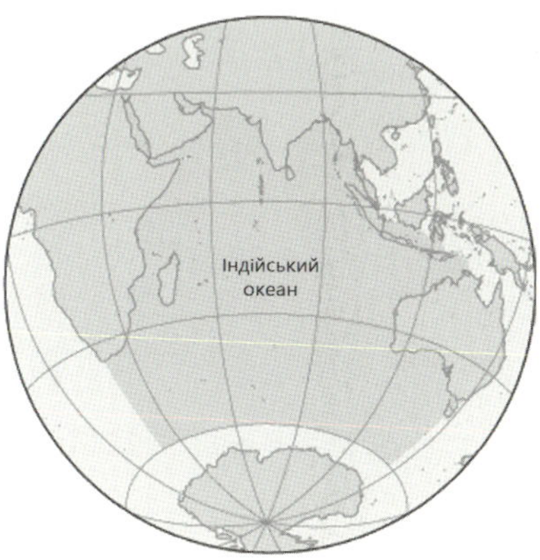

Джеймс Кук
(1728-1779)

(제임스 쿡)

2 Прочитайте слова до теми:

주제와 관련된 단어를 읽으시오.

океан, *-у*	바다, 해양, 대양
розмір, *-у*	크기, 규모, 사이즈
півкуля, *-і*	반구
берег, *-а*	해안
мореплавець, *-вця*	선원, 뱃사람
опис, *-у*	설명, 묘사, 기술
маршрут, *-у*	길, 방법
експедиція, *-ії*	탐험, 원정
ресурс, *-у*	자원, 자산
острів, *-рова*	섬

єдиний, *-а, -е, -і*	하나의, 유일한
з'єднаний, *-а, -е, -і*	연결된, 결합된
комплексний, *-а, -е, -і*	복잡한, 복합의

знаходитися, *-джуся, -дишся*	*де?*	~에 위치하다
омивати, *-аю, -аєш* омити, *омию, омиєш*	*що? де?*	주위를 흐르다, 둘러싸다
складати, *-аю, -аєш* скласти, *складу, складеш*	*що? для кого? для чого? куди?*	집필하다, 작성하다
відкривати, *-аю, -аєш* відкрити, *-ию, -иєш*	*що? як? де?*	발견하다, 열다
починати, *-аю, -аєш* почати, *-чну, -чнеш*	*що? з чого? що робити?*	시작하다
починатися, *-аюся, -аєшся* початися, *-чнуся, -чнешся*	*з кого? з чого? коли?*	시작되다

3 Прочитайте текст і зверніть увагу на нові слова:
새로운 단어에 유의하며, 텍스트를 읽어봅시다.

Індійський океан – це третій за розмірами океан у світі. Його більша частина знаходиться у Південній півкулі. На півночі він омиває береги Євразії, на заході – Африки, на півдні – Антарктиди, а на сході – Австралії. Індійський океан – це єдиний з океанів, не з'єднаний з Північним Льодовитим океаном. Океан має небагато морів та островів.

Ще 3 тисячі років до нашої ери індійські, єгипетські та фінські мореплавці знали про Індійський океан. Перші описи маршрутів плавання океаном склали араби.

Після того, як у 1499 році Васко да Гама відкрив Індію, європейці почали вивчати Індійський океан. Одним із перших був англійський мореплавець Джеймс Кук.

Комплексне вивчення природи Індійського океану починається з кінця XIX століття, але тільки в наш час наукові експедиції з різних країн світу детально вивчають природу Індійського океану та його ресурси...

(За підручником "Географія: Довідник для абітурієнтів та школярів загальноосвітніх навчальних закладів")

4 Дайте відповіді на запитання:

질문에 답하시오.

1) Яке місце за розмірами займає Індійський океан?

2) У якій півкулі він знаходиться?

3) Що омиває Індійський океан?

4) З яким океаном не з'єднаний Індійський океан?

5) Хто склав перші описи маршрутів плавання океаном?

6) Коли європейці почали вивчати Індійський океан?

7) Хто одним із перших почав вивчати природу океану?

8) Коли почалося комплексне вивчення природи Індійського океану?

Запам'ятайте керування дієслів:

동사의 활용을 암기합시다.

знаходитися, *-джуся, -дишся*	*де?*
омивати, *-аю, -аєш* омити, *омию, омиєш*	*що? де?*
складати, *- аю, -аєш* скласти, *складу, складеш*	*що? для кого? для чого? куди?*
відкривати, *-аю, -аєш* відкрити, *-ию, -иєш*	*що? як? де?*
починати, *-аю, -аєш* почати, *-чну, -чнеш*	*що? з чого? що робити?*
починатися, *-аюся, -аєшся* початися, *-чнуся, -чнешся*	*з кого? з чого?*

5 Складіть речення з цими дієсловами:
위의 동사들을 이용하여 작문하시오.

---

6 Поставте пропущені слова у реченні:
빈칸을 채워 문장을 완성하시오.

1) Індійський океан – ____________ третій за розмірами океан у світі.

2) На півночі Індійський океан __________ береги Євразії, на заході – Африки, на півдні – Антарктиди, а на сході – Австралії.

3) Океан __________ небагато морів та островів.

4) Перші описи маршрутів плавання океаном __________ араби.

5) Після того, як у 1499 році Васко да Гама відкрив Індію, європейці почали ____________ Індійський океан.

6) Комплексне вивчення природи Індійського океану __________ з кінця XIX століття.

7 Знайдіть у тексті словосполучення у Родовому відмінку однини і множини:

텍스트에서 단수/복수 생격으로 된 구절을 찾아 쓰시오.

----

8 Напишіть речення за зразком:

아래 예시와 같이 주어진 문장을 완성하시오.

Зразок

Я іду додому **після уроків**.

1) Студенти підготовчого факультету приїхали з ______________.

2) Ми часто ходимо в гості до ______________.

3) Після ______________ ми любимо гуляти в парку.

4) Нещодавно Іван отримав лист від ______________.

5) Улітку студенти будуть складати іспити з ______________.

6) Я живу біля ______________.

9 Знайдіть у тексті словосполучення у Місцевому відмінку однини і множини:

텍스트에서 단수/복수 전치격으로 된 구절을 찾아 쓰시오.

10 Складіть речення зі словами бути, лежати, розташований, -а, -е, -і, знаходитися + північ, південь, захід, схід у Місцевому відмінку:

아래의 보기와 같이 північ, південь, захід, схід 를 전치격으로 변화시킨 후 бути, лежати, розташований, -а, -е, -і, знаходитися 동사를 이용하여 작문하시오.

Зразок

На півночі Індійський океан омиває береги Євразії, **на заході –** Африки, **на півдні –** Антарктиди, а **на сході** – Австралії.

11 Знайдіть у тексті словосполучення в Орудному відмінку однини і множини:

텍스트에서 단수/복수 조격으로 된 구절을 찾아 쓰시오.

____

____

____

____

____

____

____

____

____

____

____

____

12 Дайте відповіді на запитання, використовуючи слова в дужках:

괄호 안의 단어들을 활용하여 문장을 완성하시오.

Віктор займається ____________ (футбол). Ірина цікавиться ____________________ (класична література). Оксана хоче стати ____________________ (журналіст). Учора ми познайомилися з ____________________ (відомий поет). Завтра вони будуть зустрічатися з ____________________ (свої друзі). Вони йшли в університет з ____________________ (наша сусідка). Мій батько їздить на роботу ____________________ (машина). Джон вільно розмовляє ____________________ (українська мова).

13 **Напишіть коротку розповідь на тему: "Моя подорож океаном (морем)" або "Моя цікава пригода на океані (на морі)".**

다음의 주제로 짧은 글을 쓰시오.
"나의 바다 여행" 혹은 "바다에서 펼쳐진 나의 흥미로운 모험"

Урок 06

Подарунки на Різдво

제6과 성탄절 선물

1 Дайте відповіді на запитання:
다음 질문에 답하시오.

1) Чи святкують Різдво у Вашій країні? Як його святкують?

2) Чи дарують подарунки на Різдво у Вас на батьківщині? Якщо так, то які?

3) Які подарунки Ви любите дарувати й отримувати на Різдво? Чому?

Гребінець(빗)

Годинник (시계)

2 Прочитайте слова до теми:

주제와 관련된 단어를 읽으시오.

Різдво, *-а*	성탄절, 크리스마스
дзеркало, *-а*	거울
порятунок, *-нку*	구조, 구호, 구출
річ, *речі*	것, 일, 상황, 물건
ланцюжок, *-жка*	사슬, 연쇄
подружжя, *-я*	부부
гребінець, *-нця* (гребінці, *-ів*)	빗

єдиний, *-а, -е, -і*	하나의, 단일의, 유일한
золотий, *-а, -е, -і*	금의
платиновий, *-а, -е, -і*	플레티나제의, 백금

економити, *-млю, -миш* зекономити, *-млю, -миш*	*що? на чому?*	절약하다
відходити, *-джу, -диш* відійти, *-йду, -йдеш*	*звідки? куди?*	물러서다, 비키다
зупинятися, *-яюся, -яєшся* зупинитися, *-нюся, -нишся*	*де? біля кого? біля чого? перед ким? перед чим?*	멈추다, 서다
продавати, *-аю, -аєш* продати, *-дам, -даси*	*що? кому?*	팔다
залишати, *-аю, -аєш* залишити, *-шу, -шиш*	*кого? що? на кого? кому? з ким? де?*	남기다
губитися, *гублюся, губишся* розгубитися, *-гублюся, - губишся*	*як? через що? = чому?*	당황해하다

3 Прочитайте текст і зверніть увагу на нові слова:

새로운 단어에 유의하며, 텍스트를 읽어봅시다.

Один долар вісімдесят сім центів. Це було все. А завтра Різдво.

Що робити Делла не знала. Вона стояла біля вікна, сумно дивилася на вулицю. Завтра Різдво, а у неї тільки долар і вісімдесят сім центів, щоб купити подарунок Джімові! Вона місяцями економила кожен цент, і це все, що у неї було.

Багато годин Делла думала, що подарувати Джімові на Різдво. Вона раптом відійшла від вікна і зупинилась перед дзеркалом. Делла подивилася на своє довге волосся. Вона зрозуміла, що волосся – це її єдиний порятунок...

У подружжя Джеймс було дві дуже дорогі речі – це золотий годинник Джіма та волосся Делли. Делла продала своє волосся за двадцять доларів і купила подарунок Джімові. Це був платиновий ланцюжок для його годинника.

У Джіма також не було багато грошей, щоб купити подарунок для Делли. Тому він вирішив продати свій золотий годинник і купив гребінці для волосся, про які Делла давно мріяла. Гребінці коштували дорого, вона знала це, і не могла купити їх…

Джім та Делла розгубилися, коли побачили свої подарунки. Тоді Джім сказав:

– Делл, давай залишимо свої подарунки до іншого часу. Вони дуже гарні, щоб так зразу ними користуватися. Я продав годинник, щоб купити тобі гребінці, ти продала своє волосся, щоб купити мені ланцюжок. А тепер, думаю, час поїсти...

(За О'Генрі)

4 Дайте відповіді на запитання:

질문에 답하시오.

1) Скільки грошей було у Делли перед Різдвом?

2) Чому Делла економила гроші?

3) Що було єдиним порятунком для неї?

4) Які дві дорогі речі були у подружжя Джеймс?

5) Що зробила Делла?

6) Що зробив Джім?

7) Який подарунок купила Делла для Джіма?

8) Який подарунок купив Джім для Делли?

9) Як Ви думаєте, чому Джім сказав, що треба залишити подарунки до іншого часу? Вони дуже гарні, щоб так зразу ними користуватися.

10) Як Ви вважаєте, чи сподобалися їм подарунки?

Запам’ятайте керування дієслів:

동사의 활용을 암기합시다.

стояти, *-ою, -оїш* постояти, *-ою, -оїш*	*де? з ким?*
економити, *-млю, -миш* зекономити, *-млю, -миш*	*що? на чому?*
дарувати, *-ую, -уєш* подарувати, *-ую, -уєш*	*що? кому?*
відходити, *-джу, -диш* відійти, *-йду, -йдеш*	*звідки? куди?*
зупинятися, *-яюся, -яєшся* зупинитися, *-нюся, -нишся*	*де? біля кого? біля чого? перед ким? перед чим?*
продавати, *-аю, -аєш* продати, *-дам, -даси*	*що? кому?*
залишати, *-аю, -аєш* залишити, *-шу, -шиш*	*кого? що? на кого? кому? з ким? де?*
губитися, *гублюся, губишся* розгубитися, *-гублюся, -губишся*	*як? через що? = чому?*

5 Складіть речення з поданими дієсловами:

위의 동사들을 이용하여 작문하시오.

6 Поставте пропущені слова у реченні:

빈칸을 채워 문장을 완성하시오.

1) Делла ______________ біля вікна і сумно ______________ на вулицю.

2) Вона місяцями ______________ кожен цент.

3) Делла зрозуміла, що волосся – це її єдиний ______________.

4) У подружжя Джеймс було дві дуже дорогі речі – це золотий ______________ Джіма та ______________ Делли.

5) У Джіма також не було багато грошей, щоб ______________ подарунок для Делли.

6) Він вирішив ______________ свій золотий годинник і ______________ гребінці для волосся.

7) Джім та Делла ______________, коли побачили свої подарунки.

8) Подарунки дуже гарні, щоб так зразу ними ______________.

7 Дайте відповіді на запитання:

아래 예시와 같이 주어진 질문에 답하시오.

Зразок

Чий це словник?
Це словник Джона.
Яка це карта?
Це карта міста.

1) Чия це ручка? (Марта) ______________________________

2) Який це факультет? (економіка) ______________________________

3) Чиє це місто? (Роман) ______________________________

4) Яка це бібліотека? (університет) ______________

5) Чия це фотографія? (батько) ______________

6) Який це міністр? (транспорт) ______________

8 Напишіть слова, що стоять у дужках, у правильній формі:

괄호 안에 제시된 단어들을 알맞은 형태로 채워 넣으시오.

Студенти працювали без ______________ (перерва). Я читаю текст без ______________ (словник). Марта отримала лист від ______________ (батьки). Я отримав листівку від ______________ (подруга). Олег купив квіти для ______________ (мама). Це легка робота для ______________ (студенти). Після ______________ (уроки) студенти ідуть у гуртожиток. Після ______________ (обід) ми відпочиваємо в парку.

9 Напишіть слова, що стоять в дужках, у правильній формі:

괄호 안에 제시된 단어들을 알맞은 형태로 채워 넣으시오.

Це подарунок для ______________ (ти). У ______________ (ми) немає часу. Я зроблю для ______________ (ви). У ______________ (я) є брат і сестра. Микола поїхав до ______________ (ви). Я не піду без ______________ (вона) у театр. Я іду до ______________ (він) в гості. Ви ходили в їдальню без ______________ (вони)?

5–20, багато, мало, кілька, декілька + Родовий відмінок множини

5-20, 수량부사 + 복수생격

5 студентів

10 книжок

багато років

мало людей

10 Напишіть словосполучення, вказавши кількість предметів (5–20, багато, мало):

아래 예시와 같이 수를 나타내는 표현(5-20, багато, мало)을 이용하여 아래 단어들을 변화시키시오.

Зразок

5 конвертів, мало слів
Газета, яблуко, апельсин, місто, ручка, речення, словник, олівець, листівка, море, чайник, дитина, дерево, підручник, країна, журнал.

11 Знайдіть у тексті словосполучення у Родовому відмінку однини і множини:

텍스트에서 단수/복수 생격으로 된 구절을 찾아 쓰시오.

12 Складіть 4-5 речень зі словами у Родовому відмінку однини чи множини:

단수 혹은 복수 생격의 단어를 이용하여 4-5개의 문장을 만드시오.

13 Напишіть коротку розповідь на тему: "Як Ви думаєте, чи добре зробили Делла і Джім? Що б Ви зробили у такій ситуації?"

다음의 주제로 짧은 글을 쓰시오.
"당신은 델라와 짐이 잘 했다고 생각하십니까?
당신이 그와 같은 상황에 처해있다면 어떻게 했을까요?"

Урок 07

Світ очима тварини

제7과 동물의 눈을 통해 본 세상

1 Дайте відповіді на запитання:

다음 질문에 답하시오.

1) Як Ви вважаєте, що тварини думають про світ, своє життя у ньому?

2) Чи знаєте Ви, які тварини називаються дикими, а які свійськими (наведіть приклади)?

3) Які тварини Вам подобаються, а які не подобаються? Чому?

Вовк(늑대)

2 Прочитайте слова до теми:

다음 질문에 답하시오 .

вовк, *-а*	늑대
вовчиця, *-і*	늑대 암컷
лапа, *-и*	(동물의) 발, 손
зграя, *-ї*	무리
конюх, *-а*	마부
пастух, *-а*	목자
нюх, *-у*	후각

бойовий, *-а, -е, -і*	군인다운
єдиний, *-а, -е, -і*	하나의
сліпий, *-а, -е, -і*	눈먼

вмиватися, *-аюся, -аєшся* вмитися, *-июся, -иєшся*	*чим? як?*	세수하다
струшувати, *-ую, -уєш* струсити, *струшу, струсиш*	*що? звідки?*	흔들다
опадати, *-аю, -аєш* опасти, *-аду, -адеш*	*звідки? куди?*	떨어지다
ненавидіти, *-джу, -диш*	*кого? що? за що?*	증오하다
кашляти, *-яю, -яєш* кашлянути, *-ну, -неш*	*як?*	기침하다
снитися, *снюся, снишся* наснитися, *-нюся, -нишся*	*кому? коли?*	꿈꾸다
вбивати, *-аю, -аєш* вбити, *вб'ю, вб'єш*	*кого? що? за що? чим?*	죽이다

Зверніть увагу! [주의!]

Навіщо? = Чому?, Для чого?

3 Прочитайте текст і зверніть увагу на нові слова:

새로운 단어에 유의하며, 텍스트를 읽어봅시다.

Уночі прийшла осінь, і вовк по-тваринному сказав: „Ого-го!". Тоді він вмився лапою. Пострушував з себе листя і знову ліг.

– Далеко! – сказав він собі. – А навіщо?

Потім вовк заспівав. Він співав тихим старим голосом так, що аж за Одесою і за Єгиптом його почули. Вовк лежав між грибами, і над ним опадало листя.

Його звали Сіроманцем, і він був найстарішим вовком у світі. Усе своє життя він водив зграю. Молоді вовки з лісів мріяли пройти у нього бойову вовчу школу. Він снився молодим вовчицям.

Багато тварин він убив. Його ненавиділи конюхи і пастухи.

Тепер, на старість, вовк став сліпим. Один лише нюх водив його по світі. І кашляти вже почав. І снився щоночі йому єдиний сон: сірі очі вбитих вовченят, убиті вовчиці, і снився він собі сам...

(За М. Вінграновським)

4 Дайте відповіді на запитання:

질문에 답하시오.

1) Кого звали Сіроманцем?

2) Де був вовк?

3) Ким був Сіроманець раніше?

4) Хто мріяв про нього?

5) Хто ненавидів Сіроманця?

6) Яким став вовк на старість?

7) Що допомагало Сіроманцеві ходити по світі?

8) Який сон снився вовкові щоночі? Чому?

Запам'ятайте керування дієслів:

동사의 활용을 암기합시다.

вмиватися, *-аюся, -аєшся* вмитися, *-июся, -иєшся*	*чим? як?*
струшувати, *-ую, -уєш* струсити, *струшу, струсиш*	*що? звідки?*
опадати, *-аю, -аєш* опасти, *-аду, -адеш*	*звідки? куди?*
ненавидіти, *-джу, -диш*	*кого? що? за що?*
кашляти, *-яю, -яєш* кашлянути, *-ну, -неш*	*як?*
снитися, *снюся, снишся* наснитися, *-нюся, -нишся*	*кому? коли?*
вбивати, *-аю, -аєш* вбити, *вб'ю, вб'єш*	*кого? що? за що? чим?*

5 Складіть речення з цими дієсловами:

위의 동사들을 이용하여 작문하시오.

6 Знайдіть у тексті спільнокореневі слова до поданих слів:

아래 주어진 단어와 공통의 어근을 가진 단어를 위의 텍스트에서 찾으시오.

вовк – ______________________________

старий – ______________________________

7 Поставте пропущені слова у реченні:

빈칸을 채워 문장을 완성하시오.

1) Його ______________ Сіроманцем, і він був найстарішим вовком у світі.

2) Вовк ______________ тихим старим голосом так, що аж за Одесою і за Єгиптом його почули.

3) Вовк лежав між грибами, і над ним ______________ листя.

4) Усе своє життя він ______________ зграю.

5) Тепер, на старість, вовк ______________ сліпим.

6) І ______________ щоночі йому єдиний сон: сірі очі вбитих вовченят, убиті вовчиці, і снився він собі сам.

Запам’ятайте!

기억합시다!

Здрібнілі назви тварин (동물의 지소형 이름) – це іменники середнього роду: **вовченя, кача, курча, теля** і т. д. Змінюються вони так:

ОДНИНА (단수)

Називний відмінок	*Родовий відмінок*	*Давальний відмінок*	*Знахідний відмінок*	*Орудний відмінок*	*Місцевий відмінок*
курча	курч-ат-и	курч-ат-і	курча	курч-ам	на курч-ат-і
теля	тел-ят-и	тел-ят-і	теля	тел-ям	на тел-ят-і

МНОЖИНА (복수)

Називний відмінок	*Родовий відмінок*	*Давальний відмінок*	*Знахідний відмінок*	*Орудний відмінок*	*Місцевий відмінок*
курчата	курч-ат	курч-ат-ам	курчата/ курчат	курч-ат-ам	на курч-ат-ах
телята	тел-ят	тел-ят-ам	телята/ телят	тел-ят-ам	на тел-ят-ах

8 Складіть 5 речень зі здрібнілими назвами тварин у різних відмінках:

지소형 동물 이름의 다양한 격을 활용하여 5개의 문장을 완성하시오.

9 **Знайдіть у тексті і випишіть слова в Орудному відмінку однини і множини. Зверніть увагу з якими прийменниками вони вживаються:**

위의 텍스트에서 어떤 조격 전치사와 함께 사용되었는지를 유의하며 단수/복수 조격의 단어들을 찾아 쓰시오.

з перед над під між за поруч з	*+ Орудний відмінок*

10 Напишіть вправу за зразком:

아래 예시와 같이 주어진 문장을 완성하시오.

Зразок

За (гора) було село.
За **горою** було село.

1) Друг сидів у кімнаті, зігнувшись над ____________________ (стіл).

2) Під ____________________ (двері) будинку № 34 зупинився листоноша.

3) Машина повільно їхала ____________________ (дорога).

4) Між ____________________ (гори) виднілася дорога.

5) Багато людей зібралося за ____________________ (університет).

6) Перед ____________________ (іспити) студенти ретельно готуються.

7) На концерті ми познайомилися з ____________________ (актриса).

8) Поруч із ____________________ (будинки) знаходиться пошта.

11 Складіть 5 речень з іменниками в Орудному відмінку однини і множини:

단수/복수 조격의 명사를 사용하여 5개의 문장을 만드시오.

Складні речення зі сполучниками а, але, та (і) (Див. с. 39)

а, але, та(і) 접속사를 사용한 복문

Я прийшов додому, **а** вдома нікого не було.
На вулиці світило сонце, **і** падав дощ.
Ми хотіли прочитати книжку, **але** не мали часу.

12 Знайдіть у тексті складні речення зі сполучниками а, але, та (і):

위의 텍스트에서 а, але, та (і) 접속사를 사용한 복문을 찾으시오.

13 Напишіть 4 складні речення зі сполучниками а, але, та (і):

а, але, та (і) 접속사를 활용하여 4개의 복문을 쓰시오.

14 Напишіть коротку розповідь на тему: "Як Ви думаєте, чому автор так описав думки і переживання вовка?"

다음의 주제로 짧은 글을 쓰시오.
"저자는 왜 늑대의 생각과 경험을 위와 같이 작성했다고 생각하십니까?"

Урок
08

Батьківська любов

제8과 부모의 사랑

1 Дайте відповіді на запитання:
다음 질문에 답하시오.

1) Як Ви думаєте, кого найбільше хочуть бачити батьки у важкі та радісні хвилини життя?

2) Чому, на Вашу думку, так важливо побачитися, попрощатися з батьками перед смертю?

3) Чи існують казки, оповідання про це у Вас на батьківщині? Якщо так, то які саме?

Старенький батько(노인이 된 아버지)

Батьківська гордість (부모님의 자부심)

2 Прочитайте слова до теми:

다음 질문에 답하시오.

степ, *-у*	스텝지대
чужина, *-и*	외국, 낯선 땅
птах, *-а*	새
заповіт, *-у*	유서, 유언
смерть, *-і*	죽음

глибокий, *-а, -е, -і*	깊은
чужий, *-а, -е, -і*	외계의, 외국의, 다른
непривітний, *-а, -е, -і*	비우호적인

виглядати, *-аю, -аєш* виглянути, *-ну, -неш*	*кого? що? звідки?*	살펴보다, 내다보다
шукати, *-аю, -аєш* знайти, *знайду, знайдеш*	*кого? що? де?*	찾다, 탐색하다
наказувати, *-ую, -уєш* наказати, *-кажу, -кажеш*	*кому? що робити?*	명령하다
склика́ти, *-аю, -аєш* скли́кати, *скличу, скличеш*	*кого? що? куди?*	불러모으다
умирати (помирати), *-аю, -аєш* умерти (померти), *умру, умреш*	*за кого? за що? де? як?*	죽다

3 Прочитайте текст і зверніть увагу на нові слова:
새로운 단어에 유의하며, 텍스트를 읽어봅시다.

Швидко бігають поїзди степами, швидко пливуть кораблі морями, ще швидше летять літаки, та найшвидше летить материнське серце. Через гори високі, через води глибокі, через краї чужі летить воно птахом, за синами, шукаючи, їх виглядаючи, та й повертається назад. Краї далекі, міста великі, гори високі, чужина непривітна – не знайти там матері синів своїх. Нема. А вони, сини, чи живі, а чи, може, їх і немає, – ні листа не надсилають, ні самі не приїжджають, ні поїздами, ні кораблями, ні літаками.

Умираючи, старий Чумак, наказав усіх синів своїх до себе швидко скликати, телеграму надіслати, щоб приїхали, поки ще він живий. Хотів перед смертю сам заповіт їм батьківський дати… Надіслали телеграму – і чекав Чумак. І довго не хотів умирати...

Помер старий Чумак, так і не побачившись з синами...

(За І. Багряним)

4 Дайте відповіді на запитання:
질문에 답하시오.

1) Що, на думку автора, летить швидше, ніж бігають поїзди, пливуть кораблі, летять літаки?

2) Що хотів старий Чумак зробити перед смертю?

3) Чому старий Чумак довго не хотів помирати?

4) Як Ви розумієте слова “батьківський заповіт”?

5) Чи приїхали сини додому?

6) Де були сини старого Чумака?

Запам'ятайте керування дієслів:

동사의 활용을 암기합시다.

виглядати, *-аю, -аєш* виглянути, *-ну, -неш*	*кого? що? звідки?*
шукати, *-аю, -аєш* знайти, *знайду, знайдеш*	*кого? що? де?*
наказувати, *-ую, -уєш* наказати, *-кажу, -кажеш*	*кому? що робити?*
скликáти, *-аю, -аєш* склúкати, *скличу, скличеш*	*кого? що? куди?*
умирати (помирати), *-аю, -аєш* умерти (померти), *умру, умреш*	*за кого? за що? де? як?*

5 Складіть речення з цими дієсловами:

위의 동사들을 이용하여 작문하시오.

----

6 Поставте пропущені слова у реченні:

빈칸을 채워 문장을 완성하시오.

1) Швидко ____________ поїзди степами, швидко ____________________ кораблі морями.

2) Не ____________ там матері синів своїх.

3) А сини чи живі, а чи, може, їх і немає, – ні листа ________, ні самі ________.

4) Умираючи, старий Чумак, ________ усіх синів своїх до себе швидко скликати.

5) Батько ________ перед смертю сам заповіт їм батьківський дати.

6) ________ старий Чумак, так і не побачившись з синами.

Дієслова руху

동작동사

іти (йти)	ходити
їхати	їздити
бігти	бігати
пливти	плавати
летіти	літати

куди? чим?

7 Знайдіть у тексті дієслова руху і запишіть їх.

위의 텍스트에서 동작동사를 찾아 쓰시오.

8 Напишіть 4–5 речень з дієсловами руху.

동작동사를 활용하여 4-5개의 문장을 쓰시오.

Дієслова руху + Орудний відмінок (однини і множини)

동작동사 + 조격 (단수/복수)

1. Транспорт, яким рухаються
   Наприклад: ***їхати*** машиною, автобусом, поїздом…,
   пливти кораблем, човном…,
   летіти літаком, гелікоптером…

2. Місце, яким рухаються
   Наприклад: ***їхати*** дорогою, вулицею, містом…,
   пливти морем, океаном…,
   летіти степом, небом…

9 Напишіть необхідні слова на місці пропусків:
아래의 빈칸에 적절한 동사를 선택 및 활용하여 문장을 완성하시오.

іти (йти) – ходити

Я ________________ в університет зараз. Кожного дня я ________________ в університет. Я люблю ________________ пішки. Учора, коли я ________________ додому, я зустрів свого друга. Минулого тижня ми ________________ у театр. Завтра студенти ________________ на екскурсію.

їхати – їздити

Діти люблять ________________ парком. Ми часто ________________ поїздом у Київ. Улітку минулого року студенти ________________ у Крим. Цього року вони ________________ відпочивати у Болгарію. Коли батьки ________________ додому з роботи, падав сильний дощ.

бігти – бігати

Андрій дуже швидко ________________ . Хто це так швидко ________________ вулицею? Минулого року мій друг ________________ краще, ніж цього року. Я не люблю ________________, але моя подруга щодня ________________ на стадіоні.

пливти – плавати

Я не вмію ____________________, а мій друг дуже добре ____________________. Мій батько любить ____________________ у басейні. Учора студенти ____________________ на озері. Завтра ми ____________________ кораблем по морі. Хто не вміє ____________________, підніміть руки!

летіти – літати

Я боюся ____________________ літаком. Завтра студенти ____________________ в Америку. Куди ви ____________________ минулого року? Мій батько пілот, тому він багато ____________________. Хто ____________________ у Москву зараз?

10 Допишіть діалоги, використовуючи дієслова руху іти, їхати, прийти, приїхати, піти, поїхати:

위에 제시한 동작동사를 활용하여 아래의 대화를 완성하시오.

• Куди ти ____________________ завтра?

• Я ____________________ в бібліотеку.

• Коли ти ____________________ у бібліотеку?

• О 10 годині ранку.

• Звідки твій друг ____________________ вчора?

• Він ____________________ з Києва.

• Чому він туди ____________________?

- Тому що там живуть його батьки.

- Іване, куди ти ____________________ зараз?
- Я ____________________ на стадіон.
- Я теж хочу ____________________ на стадіон, але у мене нема часу сьогодні.
- Давай завтра ____________________ разом?
- Добре. Давай!

- Коли ти ____________________ додому вчора? Я тебе довго чекав.
- Я ____________________ пізно, тому що у мене було багато роботи.
- Я думав, що ми ____________________ на концерт разом.
- На жаль, я не знав, що вчора був концерт.

11 Напишіть коротку розповідь на тему: "Як Ви думаєте, чому батьки перед смертю хочуть побачити своїх дітей?"

다음의 주제로 짧은 글을 쓰시오.
"왜 부모들은 죽음을 맞이할 때 자식들을 보고 싶어한다고 생각하십니까?"

Урок
09

Компліменти

제9과 칭찬

1 Дайте відповіді на запитання:

다음 질문에 답하시오.

1) Чи знаєте Ви, що означає слово "комплімент"?

2) Кому найчастіше говорять компліменти?

3) Які бувають компліменти?

2 Прочитайте слова до теми:

주제와 관련된 단어를 읽으시오.

комплімент, *-у*	칭찬
вітання, *-я*	인사, 인사말
своєрідність, *-ності*	독창성
стать, *-і*	성
вік, *-у*	나이
навіювання, *-я*	암시, 시사
перебільшення, *-я*	과장
достоїнство, *-а*	존엄, 품위, 위엄
співрозмовник, *-а/* співрозмовниця, *-і*	상대자, 상대방, 대화자
спілкування, *-я*	커뮤니케이션, 소통
вчинок, *-нку*	행동

первинний, *-а, -е, -і*	초기의, 원래의
своєрідний, *-а, -е, -і*	원래의, 독창적인
властивий, *-а, -е, -і*	고유의, 타고난
багатозначний, *-а, -е, -і*	많은 뜻이 있는
щирий, *-а, -е, -і*	진지한, 진실한, 진심의
доречний, *-а, -е, -і*	적절한, 시의에 맞는

запозичати, *-аю, -аєш* запозичити, *-чу, -чиш*	*кого? що? звідки?*	채택하다, 차용하다
уникати, *-аю, -аєш* уникнути, *-ну, -неш*	*кого? чого? чому?*	피하다, 면하다
мовчати, *-чу, -чиш* помовчати, *-чу, -чиш*	*де? чому? як довго?*	침묵하다
дотримуватися, *-уюся, -уєшся* дотриматися, *-аюся, -аєшся*	*чого? як?*	준수하다, 지키다
сприймати, *-аю, -аєш* сприйняти, *сприйму, сприймеш*	*кого? що? як?*	지각하다, 이해하다
звучати, *-чу, -чиш* прозвучати, *-чу, -чиш*	*як? де?*	소리나다, 울리다
хвалити, *хвалю, хвалиш* похвалити, *-хвалю, -хвалиш*	*кого? що? за що?*	칭찬하다

3 Прочитайте текст і зверніть увагу на нові слова:
새로운 단어에 유의하며, 텍스트를 읽어봅시다.

Слово "комплімент" українська мова запозичила із французької (у французькій мові воно означає "вітання"). Первинне значення "вітання" комплімент частково зберіг і в нашій мові: комплімент використовують найчастіше при зустрічі замість традиційного вітання, наприклад: "Які ви чудові сьогодні!", "Ви чарівні сьогодні, як завжди!".

Однак компліменти можна говорити і після слів вітань або під час розмови.

Своєрідність компліменту як елемента мовного етикету полягає в тому, що його кажуть найчастіше чоловіки жінкам. Хоча компліменти можна використовувати будь-кому, незалежно від статі та віку. Механізм використання компліменту складається з кількох елементів: навіювання того, що приємне людині; перебільшення її достоїнств; позитивні емоції адресата.

Існують своєрідні правила вживання компліментів, їх треба дотримуватися, щоб уникнути можливих непорозумінь.

По-перше, не кажіть людині того, що їй неприємне або зовсім не властиве. Наприклад, хворому недобре говорити: "У вас сьогодні прекрасний вигляд". Можливо, краще помовчати.

По-друге, комплімент не повинен бути багатозначним. Це небезпечно. Коли хлопець скаже коханій дівчині "Ти – наче весна", вона по-різному може сприйняти такі слова: весна ж бо такою різною буває і не завжди чарівною та приємною.

По-третє, бажано уникати незрозумілих слів, можливо їх не знає ваш співрозмовник (або співрозмовниця).

А ще комплімент має відповідати ситуації спілкування. Уявімо собі: дружина, втомлена, повертається з роботи, а чоловік їй каже: "У тебе такий гарний вигляд". І, насамкінець, комплімент повинен бути щирим.

Зрозуміло, що комплімент – це завжди перебільшення, але в усьому потрібна розумна міра. Недоречно звучатимуть слова, сказані, наприклад, поганому акторові: "Ви неперевершений!". Неправда ніколи не була окрасою спілкування і компліментів.

За що хвалять найчастіше? За вчинки, за характер, за зовнішній вигляд, одяг, зачіску (наприклад: "У тебе ангельський характер", "У вас витончений смак", "У тебе бездоганний вигляд", "У тебе така елегантна сукня", "Тобі так пасує нова зачіска"). Можна похвалити когось із вашої родини чи знайомих, сказати добре слово про дітей (наприклад: "У вас хата – райський куточок", "Галина твоя подруга? Чудова дівчина!", "А ваш Василько – восьме чудо світу: дивовижно мудра дитина").

(За С. Богданом)

4 Дайте відповіді на запитання:

질문에 답하시오.

1) З якої мови запозичила українська мова слово "комплімент"?

2) Що означає слово "комплімент"?

3) Коли найчастіше кажуть компліменти?

4) Хто кому найчастіше говорить компліменти?

5) Чи може будь-хто використовувати компліменти, незалежно від статі та віку?

6) Яким повинен бути комплімент?

7) Якого найголовнішого правила вживання компліментів треба дотримуватися?

8) Чому комплімент не повинен бути багатозначним?

9) Кому не варто говорити компліменти?

10) За що треба хвалити людину найчастіше?

5 Підберіть синоніми до поданих слів:

제시된 단어들의 동의어를 고르시오.

комплімент – ______

властивий – ______

6 Підберіть антоніми до поданих слів:

제시된 단어들의 반의어를 고르시오.

багатозначний – ______

щирий – ______

Запам'ятайте керування дієслів:

동사의 활용을 암기합시다.

запозичати, *-аю, -аєш* запозичити, *-чу, -чиш*	*кого? що? звідки?*
уникати, *-аю, -аєш* уникнути, *-ну, -неш*	*кого? чого? чому?*
мовчати, *-чу, -чиш* помовчати, *-чу, -чиш*	*де? чому? як довго?*
дотримуватися, *-уюся, -уєшся* дотриматися, *-аюся, -аєшся*	*чого? як?*
сприймати, *-аю, -аєш* сприйняти, *сприйму, сприймеш*	*кого? що? як?*
звучати, *-чу, -чиш* прозвучати, *-чу, -чиш*	*як? де?*
хвалити, *хвалю, хвалиш* похвалити, *-хвалю, -хвалиш*	*кого? що? за що?*

7 Складіть речення з цими дієсловами:

위의 동사들을 이용하여 작문하시오.

8 **Поставте пропущені слова у реченні:**
빈칸을 채워 문장을 완성하시오.

1) Слово “комплімент” українська мова ______________ із французької.

2) Однак компліменти можна ______________ і після слів вітань або під час розмови.

3) Компліменти найчастіше ______________ чоловіки жінкам.

4) Існують своєрідні правила ______________ компліментів.

5) Механізм використання компліменту ______________ з кількох елементів.

6) Комплімент має ______________ ситуації спілкування.

7) Комплімент – це завжди ______________, але в усьому потрібна розумна міра.

8) ______________ найчастіше за вчинки, за характер, за зовнішній вигляд, одяг, зачіску.

9 **Знайдіть у тексті словосполучення у Давальному відмінку однини і множини:**
텍스트에서 단수/복수 여격으로 된 구절을 찾아 쓰시오.

____
____
____
____
____
____

10 Дайте відповіді на запитання, використовуючи слова в дужках.

괄호 안에 제시된 단어들을 활용하여 질문에 답하시오.

1) Кому твій друг купив подарунок? (я і моя сестра)

2) Кому учні показали домашнє завдання? (їх викладач)

3) Кому студенти розповіли про свої проблеми? (свій декан)

4) Кому треба допомагати? (старші люди)

5) Кому мама приготує обід? (син і дочка)

6) Кому професор читає лекцію? (студенти)

Складні речення зі сполучниками що, щоб

що, щоб 접속사를 가진 복문

Це речення, в яких друга частина складного речення поширює і пояснює значення дієслова-присудка в головному реченні.

Я вважаю, **що** сьогодні професія журналіста складна і дуже цікава.
Я хочу, **щоб** мої батьки приїхали до мене в гості.
Треба багато працювати, **щоб** добре вчитися.

11 Знайдіть у тексті складні речення зі сполучниками що, щоб:

위의 텍스트에서 що, щоб 접속사를 가진 복문을 찾으시오.

12 Допишіть речення:

문장을 완성하시오.

Зрозуміло, що

Мені треба багато працювати, щоб

Я хочу, щоб

Вона думає, що

Дмитро розуміє, що

Оксана хоче бути лікарем, щоб

13 Напишіть 3–4 складні речення зі сполучником що, щоб:

що, щоб 접속사를 활용하여 3-4개의 복문을 쓰시오.

14 Напишіть коротку розповідь на тему: "Чи любите Ви говорити компліменти? Кому, як часто і коли Ви їх кажете?"

다음의 주제로 짧은 글을 쓰시오.
"당신은 칭찬하기를 좋아하십니까? 누구에게, 얼마나 자주, 그리고 언제 칭찬의 말을 하나요?"

Урок 10

Тварини на межі вимирання

제10과 멸종 위기의 동물들

1 Дайте відповіді на запитання:
다음 질문에 답하시오.

1) Яких рідкісних тварин Ви знаєте?

2) Чи знаєте Ви, які тварини вже вимерли (зникли)?

3) Які тварини знаходяться на межі вимирання (у Вашій країні, у світі тощо)?

Зубри (바이손)

2 Прочитайте слова до теми:

주제와 관련된 단어를 읽으시오.

зубр, *-а*	바이손
популяція, *-ії*	인구, 개체군
заповідник, *-а*	보호지역
відповідальність, *-ності*	책임감
кількість, *-кості*	수
мисливець, *-вця*	사냥꾼
межа, *-і*	국경, 경계
вимирання, *-я*	소멸, 멸종
цар, *-я*	왕, 황제
представник, *-а*	대표
вид, *-у*	종류

дорослий, *-а, -е, -і*	어른의, 성체의
трагічний, *-а, -е, -і*	비극적인, 비참한
байдужий, *-а, -е, -і*	무관심한, 개의치 않은

відновлювати, *-юю, -юєш* відновити, *-влю, -виш*	*що? як?*	복원하다, 회복시키다
вимирати, *-аю, -аєш* вимерти, *вимру, -мреш*	*як? де? коли?*	멸종하다
знищувати, *-ую, -уєш* знищити, *-щу, -щиш*	*кого? що?*	없애다, 소탕하다
зменшуватися, *-уюся, -уєшся* зменшитися, *-шуся, -шишся*	*як? де?*	줄다, 감소하다
погоджуватися, *-уюся, -уєшся* погодитися, *-джуся, -дишся*	*з ким? з чим?*	동의하다, 수긍하다
охороняти, *-яю, -яєш* охоронити, *-ню, -ниш*	*кого? що?* *від кого? від чого?*	보호하다, 지키다
піклуватися, *-уюся, -уєшся* попіклуватися, *-уюся, -уєшся*	*про кого? про що?*	보살피다, 돌보다

3 Прочитайте текст і зверніть увагу на нові слова:
새로운 단어에 유의하며, 텍스트를 읽어봅시다.

На території Львівської області в заповіднику почали відновлювати популяцію зубрів. Тут зараз живе п'ятеро дорослих зубрів і одне маленьке зубреня. Для працівників заповідника це велика радість й одночасно велика відповідальність. Зубри в нашій країні є вимираючими тваринами: у 2007 році в Україні було лише 190 зубрів. За останні десять років мисливці повністю знищили популяцію зубрів у Чернігівській області, зменшилася їх кількість у Рівненській, Вінницькій, Чернівецькій і Волинській областях. Сьогодні можна говорити про те, що українська популяція зубрів є на межі вимирання. Найбільш трагічна ситуація зараз у західних регіонах країни.

Зубра називають царем звірів Карпат. В українських Карпатах сьогодні живе близько 107 зубрів, з них на території Львівської області – всього 13, тоді як у польській частині Карпат – більше 180 тварин. Погодьтесь, різниця досить велика! Тому так важливо охороняти зубрів і піклуватися про кожного представника цього виду. І це ще важливіше, коли йдеться про маленьких зубренят… Тож не залишайтесь байдужими!

(За матеріалами газети "Високий Замок")

4 **Дайте відповіді на запитання:**
질문에 답하시오.

1) Що почали відновлювати в заповіднику на території Львівської області?

2) Скільки зубрів там живе?

3) Якими тваринами в Україні є зубри?

4) Чому за останні десять років зменшилася кількість цих тварин?

5) Де найбільш трагічна ситуація з популяцією зубрів?

6) Кого називають царем звірів Карпат?

7) Скільки зубрів живе в українській частині Карпат?

8) Скільки зубрів живе в польській частині Карпат?

9) Хто має піклуватися про цих звірів?

10) Чи знаєте Ви, що таке "Червона книга "?

Запам'ятайте керування дієслів:

동사의 활용을 암기합시다.

відновлювати, *-юю, -юєш* відновити, *-влю, -виш*	*що? як?*
вимирати, *-аю, -аєш* вимерти, *вимру, -мреш*	*як? де? коли?*
знищувати, *-ую, -уєш* знищити, *-щу, -щиш*	*кого? що?*
зменшуватися, *-уюся, -уєшся* зменшитися, *-шуся, -шишся*	*як? де?*
погоджуватися, *-уюся, -уєшся* погодитися, *-джуся, -дишся*	*з ким? з чим?*
охороняти, *-яю, -яєш* охоронити, *-ню, -ниш*	*кого? що? від кого? від чого?*
піклуватися, *-уюся, -уєшся* попіклуватися, *-уюся, -уєшся*	*про кого? про що?*

5 Складіть речення з цими дієсловами:

위의 동사들을 이용하여 작문하시오.

6 Поставте пропущені слова у реченні:
빈칸을 채워 문장을 완성하시오.

1) На території Львівської області в заповіднику почали __________ популяцію зубрів.

2) Для працівників заповідника це велика радість й одночасно велика __________.

3) Зубри в нашій країні є __________ тваринами.

4) За останні десять років мисливці повністю __________ популяцію зубрів у Чернігівській області.

5) Сьогодні можна говорити про те, що українська __________ зубрів є на межі вимирання.

6) Зубра __________ царем звірів Карпат.

7) Тому так важливо __________ зубрів і __________ про кожного представника цього виду.

8) Тож не залишайтесь __________!

Запам'ятайте! 기억합시다!

Збірні числівники (집합수사)

Двоє
Троє
Четверо
П'ятеро
Шестеро — *+ Родовий відмінок множини*
Семеро
Восьмеро
Дев'ятеро
Десятеро і т. д.

Наприклад: троє телят, п'ятеро дітей, семеро тварин, десятеро вовків ...

7 Знайдіть у тексті і випишіть словосполучення зі збірними числівниками:

집합수사를 사용한 구절을 찾아 쓰시오.

8 Напишіть вправу за зразком:

아래 예시와 같이 주어진 문장을 완성하시오.

Зразок

більше 4 зубрів, менше 5 листів, близько 10 студентів ...

1) У нашому районі проживає більше 3875 ____________ (люди).

2) У класі близько 10 ____________ (студенти).

3) В Україні живе менше 47 ____________ (мільйони люди).

4) В автобус увійшло близько 17 ____________ (пасажири).

5) Цього року на навчання у Львівський університет прибуде менше 100 ____________ (іноземні студенти) з різних країн світу.

6) Президент України з робочим візитом буде перебувати в Брюсселі більше 3 ____________ (дні).

Наказовий спосіб

명령형

Наказовий спосіб виражає наказ або необхідність виконання якоїсь дії.

Наказовий спосіб утворюється так. До початкової форми дієслова без суфікса *–ти* додаємо закінчення *-й, -йте, -ймо або -и, -іть, -імо.*

Наказовий спосіб дієслова (동사의 명령형)		
	читати	писати
ти	чита-**й!**	пиш-**и!**
ви	чита-**йте!**	пиш-**іть!**
ми	чита-**ймо!**	пиш-**імо!**

Зачини, будь ласка, двері!

Сідайте, будь ласка!

Працюймо!

9 Утворіть Наказовий спосіб від поданих дієслів:
아래의 동사를 명령형으로 바꾸시오.

відновлювати

відновити

вимирати

вимерти

знищувати

знищити

зменшуватися

зменшитися

погоджуватися

погодитися

охороняти

охоронити

піклуватися

попіклуватися

10 Знайдіть у тексті дієслова в Наказовому способі:
위의 텍스트에서 명령형의 동사를 찾으시오.

11 **Складіть 4 речення з дієсловами в Наказовому способі:**

명령형 동사를 활용하여 4개의 문장을 만드시오.

12 **Напишіть коротку розповідь на тему: "Що потрібно зробити, щоб зберегти вимираючі види тварин".**

다음의 주제로 짧은 글을 쓰시오.
"멸종 위기에 처한 동물 종을 보호하기 위해서는 무엇을 해야할까요?"

Урок 11

Україна

제11과 우크라이나

1 Дайте відповіді на запитання:

다음 질문에 답하시오.

1) Що Ви знаєте про Україну?

2) Чому так називається країна?

3) Що Ви можете сказати про розташування України, її клімат, сусідів тощо?

Карта України(우크라이나 지도)

Калина (가막살나무 - 우크라이나 상징)

2 Прочитайте слова до теми:

주제와 관련된 단어를 읽으시오.

риса, *-и*	특징
край, *-ю*	지역, 지방, 국토, 땅, 가장자리
відсутність, *-ності*	부재, 없음, 결석, 공백
бар'єр, *-у*	장벽, 장애물
виняток, *-тку*	예외
рівнина, *-и*	평원
чорнозем, *-у*	흑토
копалина, *-и*	광물
вугілля, *-я*	석탄
руда, *-и*	광석, 원광
ресурс, *-у*	자원

природний, *-а, -е, -і*	자연의
родючий, *-а, -е, -і*	비옥한, 다산의
залізний, *-а, -е, -і*	철의
могутній, *-я, -є, -і*	강력한
помірний, *-а, -е, -і*	온화한, 알맞은, 적당한

означати, *-аю, -аєш*	*що?*	의미하다, 뜻하다
переважати, *- аю, -аєш* **переважити**, *-жу, -жиш*	*де? над ким? над чим?*	뛰어나다, 탁월하다
текти, *тече*	*де? як?*	흐르다
ділити, *ділю, ділиш* **розділити**, *-ділю, -ділиш*	*кого? що? на що?*	나누다, 분할하다
займати, *-аю, -аєш* **зайняти**, *займу, займеш*	*що?*	점유하다, 영유하다
простягатися, *-аюся, -аєшся* **простягнутися**, *-нуся, -нешся*	*куди? звідки?*	뻗다, 달하다

3 Прочитайте текст і зверніть увагу на нові слова:

새로운 단어에 유의하며, 텍스트를 읽어봅시다.

Слово "Україна" – означає "земля, що лежить скраю". Україна розташована на південному сході Європи. Іншою характерною рисою географії краю є відсутність природних бар'єрів. За винятком Карпатських гір на заході й Кримських гір на півдні, 95 % території України – це рівнина. В Україні переважають родючі українські чорноземи. Україна багата на корисні копалини, зокрема вугілля та залізну руду. Можна навіть сказати, що за природними ресурсами це найбагатша країна Європи.

З півночі до Чорного моря течуть три великі річки: це могутній Дніпро, який ділить країну навпіл, Південний Буг та Дністер. Клімат в Україні помірний. У своїх сучасних межах Україна займає понад 600 тисяч квадратних кілометрів і простягається на 1 300 кілометрів із заходу на схід і 900 кілометрів із півночі на південь. За територією це друга після Росії країна Європи...

(За О. Субтельним)

4 Дайте відповіді на запитання:

질문에 답하시오.

1) Що означає слово "Україна"?

2) Де розташована Україна?

3) Що є характерною рисою географії країни?

4) Які родючі ґрунти є в Україні?

5) Якими корисними копалинами багата країна?

6) Які великі річки течуть в Україні?

7) Яка площа України?

8) Яке місце за територією займає Україна?

Запам'ятайте керування дієслів:
동사의 활용을 암기합시다.

означати, *-аю, -аєш*	*що?*
переважати, *-аю, -аєш* переважити, *-жу, -жиш*	*де? над ким? над чим?*
текти, *тече*	*де? як?*
ділити, *ділю, ділиш* розділити, *-ділю, -ділиш*	*кого? що? на що?*
займати, *-аю, -аєш* зайняти, *займу, займеш*	*що?*
простягатися, *-аюся, -аєшся* простягнутися, *-нуся, -нешся*	*куди? звідки?*

5 Складіть речення з цими дієсловами:
위의 동사들을 이용하여 작문하시오.

----

6 Поставте пропущені слова у реченні:
빈칸을 채워 문장을 완성하시오.

1) Слово “Україна” – ____________________ “земля, що лежить скраю ”.

2) Україна ____________________ на південному сході Європи.

3) За ____________________ Карпатських гір на заході й Кримських гір на півдні, 95 % території України – це рівнина.

4) В Україні ____________________ родючі українські чорноземи.

5) Можна навіть сказати, що за природними ресурсами це ____________________ країна Європи.

6) З півночі до Чорного моря ____________________ три великі річки: це могутній Дніпро, Південний Буг та Дністер.

7) У своїх сучасних межах Україна ____________________ понад 600 тисяч квадратних кілометрів.

8) За територією ____________________ друга після Росії країна Європи.

Дробові числівники + Родовий відмінок
부분(분수) 생격

⅓ території України
⅔ кімнати
⅛ території регіону

Половина
Третина
Чверть
Півтора / півтори

7 Напишіть 4 речення з дробовими числівниками:

부분(분수) 생격을 이용하여 4개의 문장을 쓰시오.

розташований, -а, -е, -і + Місцевий відмінок

~에 위치하는 + 전치격

Україна розташована на південному сході Європи.

8 **Складіть 4–5 речень з конструкцією розташований, -а, -е, -і + іменник в Місцевому відмінку:**

'~에 위치하는'의 뜻을 지닌 розташований, -а, -е, -і + 명사의 전치격 구조를 이용하여 4-5개의 문장을 만드시오.

9 **Знайдіть у тексті словосполучення у Місцевому відмінку однини і множини:**

텍스트에서 단수/복수 전치격으로 된 구절을 찾아 쓰시오.

10 Знайдіть у тексті словосполучення у Родовому відмінку однини і множини:

텍스트에서 단수/복수 생격으로 된 구절을 찾아 쓰시오.

11 Напишіть 4–5 речень зі словами у Родовому і Місцевому відмінках однини або множини:

단수/복수 생격 및 전치격 단어들을 이용하여 4-5개의 문장을 만드시오.

12 **Напишіть коротку розповідь на тему: "Моя рідна країна ".**

다음의 주제로 짧은 글을 쓰시오. "나의 조국"

Урок 12

Екологічні проблеми

제12과 환경문제

1 Дайте відповіді на запитання:

다음 질문에 답하시오.

1) Чи знаєте Ви, які екологічні проблеми існують у світі?

2) Які екологічні проблеми, на Вашу думку, є в Україні?

3) Які екологічні проблеми є у Вашій країні?

Промислові регіони (공업지대)

Велика кількість машин (많은 수의 자동차)

2 Прочитайте слова до теми:

주제와 관련된 단어를 읽으시오.

взаємодія, *-ії*	협력, 협조
середовище, *-а*	환경
людство, *-а*	인류
забруднення, *-я*	공해, 오염
скорочення, *-я*	감축, 감소, 축소
зменшення, *-я*	감소, 축소
ресурс, *-у*	자원
вплив, *-у*	영향
ґрунт, *-у*	흙, 토양, 땅
отрутохімікат, *-у*	독소
добриво, *-а*	화학 유독물, 농약
заповідник, *-а*	보호지역

навколишній, *-я, -є, -і*	주위의
енергетичний, *-а, -е, -і*	에너지의
докорінний, *-а, -е, -і*	급진적인
постійний, *-а, -е, -і*	지속적인, 계속되는
рідкісний, *-а, -е, -і*	드문

виникати, *-аю, -аєш* виникнути, *-ну, -неш*	*чому? внаслідок чого?*	일어나다, 생기다
вирішувати, *-ую, -уєш* вирішити, *-шу, -шиш*	*що? як?*	해결하다
залучати, *-аю, -аєш* залучити, *-чу, -чиш*	*кого? що? до чого?*	협력하다, 참가하다
пов'язувати, *-ую, -уєш* пов'язати, *-в'яжу, -в'яжеш*	*кого? що? з ким? з чим?*	연결시키다
зазнавати, *-аю, -аєш* зазнати, *-аю, -аєш*	*чого? від кого? від чого?*	느끼다, 감지하다
скорочуватися, *-уюся, -уєшся* скоротитися, *-рочуся, -ротишся*	*чому? як? де?*	단축하다, 축소되다

Зверніть увагу! [주의!]

внаслідок + чого? (Родовий відмінок)
('~때문에, ~의 결과로'라는 의미의 внаслідок 다음에는 생격이 온다)

3 Прочитайте текст і зверніть увагу на нові слова:
새로운 단어에 유의하며, 텍스트를 읽어봅시다.

Екологічні проблеми – це ті проблеми, що виникли внаслідок взаємодії людини з навколишнім середовищем.

Зараз у світі часто говорять про екологічні проблеми, що є глобальними, тобто, актуальними для всього людства. Це такі проблеми, як забруднення навколишнього середовища, скорочення полів, зменшення мінеральних ресурсів, енергетична проблема.

Усі проблеми пов'язані між собою, їх можна вирішити лише спільно, залучаючи до цього все людство.

Територія України вважається екологічно небезпечним регіоном світу. Тут забруднене повітря у промислових центрах країни (Луганська, Донецька і Дніпропетровська області).

Також річки України є сильно забруднені...

Великого впливу з боку людини зазнали ґрунти. Вони забруднені отрутохімікатами і мінеральними добривами...

Рослинний і тваринний світ України змінилися докорінно. Площа лісів з XVI століття постійно скорочується. Деякі види тварин стали дуже рідкісними...

Екологічно чисті куточки природи залишилися тільки у заповідниках, природних національних парках...

(За підручником "Географія: Довідник для абітурієнтів та школярів загальноосвітніх навчальних закладів")

4 Дайте відповіді на запитання:

질문에 답하시오.

1) Які проблеми називаються екологічними?

2) Які екологічні проблеми вважаються глобальними?

3) Як можна вирішити всі екологічні проблеми?

4) До яких регіонів світу належить територія України?

5) Як Ви думаєте, чим забруднене повітря?

6) Чому стали забруднені річки України?

7) Як забруднилися ґрунти України?

8) Чому докорінно змінилися рослинний і тваринний світ України?

9) Де залишилися екологічно чисті куточки природи?

10) Скажіть, чи територія Вашої рідної країни є екологічно чистою чи забрудненою? Чому?

Запам'ятайте керування дієслів:

동사의 활용을 암기합시다.

виникати, *-аю, -аєш* виникнути, *-ну, -неш*	*чому? внаслідок чого?*
вирішувати, *-ую, -уєш* вирішити, *-шу, -шиш*	*що? як?*
залучати, *-аю, -аєш* залучити, *-чу, -чиш*	*кого? що? до чого?*
пов'язувати, *-ую, -уєш* пов'язати, *-в'яжу, -в'яжеш*	*кого? що? з ким? з чим?*
зазнавати, *-аю, -аєш* зазнати, *-аю, -аєш*	*чого? від кого? від чого?*
скорочуватися, *-уюся, -уєшся* скоротитися, *-рочуся, -ротишся*	*чому? як?*

5 Складіть речення з цими дієсловами:

위의 동사들을 이용하여 작문하시오.

---

6 Поставте пропущені слова у реченні:

빈칸을 채워 문장을 완성하시오.

1) Екологічні проблеми – це ті проблеми, що __________ внаслідок взаємодії людини з навколишнім середовищем.

2) Зараз у світі часто __________ про екологічні проблеми, що є глобальними, тобто, актуальними для всього людства.

3) Усі проблеми пов'язані між собою, їх можна __________ лише спільно.

4) Територія України __________ екологічно небезпечним регіоном світу.

5) Також річки України є сильно __________.

6) Великого впливу з боку людини __________ ґрунти.

7) Рослинний і тваринний світ України __________ докорінно.

8) Екологічно чисті куточки природи __________ тільки у заповідниках, природних національних парках.

7 Знайдіть у тексті словосполучення у Родовому відмінку множини:

텍스트에서 복수 생격으로 된 구절을 찾아 쓰시오.

8 Напишіть речення за зразком:

아래의 예시와 같이 주어진 문장을 완성하시오.

Зразок

Я іду додому після (уроки).
Я іду додому після **уроків**.

1) У мене немає (гроші) ______.

2) У нашій країні є мало (добрі ґрунти) ______.

3) Поблизу Києва розташовано близько 20-ти (будинки відпочинку) ______.

4) На свято приїхало багато (гості) ______.

5) Учені стверджують, що людина може жити до 200 (роки) ______.

6) Багато (внутрішні води) ______ забруднено викидами промисловості.

9 Знайдіть у тексті словосполучення у Місцевому відмінку множини:

텍스트에서 복수 전치격으로 된 구절을 찾아 쓰시오.

10 Складіть речення зі словами у заповідниках, природних національних парках:

'у заповідниках, природних національних парках' 등의 단어를 사용하여 문장을 작성하시오.

Зразок

Рідкісні види тварин живуть **у заповідниках**.

11 Знайдіть у тексті словосполучення в Орудному відмінку множини:

텍스트에서 복수 조격으로 된 구절을 찾아 쓰시오.

----

12 Напишіть слова дужках у потрібному відмінку:

괄호 안의 단어를 알맞은 격으로 바꿔 쓰시오.

Ці дівчата хочуть стати (лікарі) ____________________. Ці проблеми є дуже (актуальні) ____________________. Раніше мої брати були (інженери) ____________________. Ці питання залишилися (невирішені) ____________________. Ми хочемо стати (викладачі) ____________________. Завтра у Львові будуть виступати київські актори, які вважаються (відомі) ____________________ не лише в Україні, а й у всьому світі.

13 Дайте відповіді на запитання, використовуючи слова в дужках:

괄호 안에 제시된 단어를 활용하여 질문에 답하시오.

1) З ким ви були в музеї? (наші студенти)

2) З ким ви зустрічалися вчора в парку? (мої друзі)

3) З ким ви познайомилися в Києві? (добрі люди)

4) З ким вона була в театрі? (її старші сестри)

5) З ким ви любите грати в шахи? (мої молодші брати)

6) З ким ця жінка гуляє в парку вранці? (маленькі діти)

14 Напишіть коротку розповідь на тему: "Як, на Вашу думку, можна вирішити екологічні проблеми в сучасному світі".

다음의 주제로 짧은 글을 쓰시오.
"현 시대의 환경문제를 어떻게 해결할 수 있다고 당신은 생각하십니까?"

Урок 13

Європейський вибір України

제13과 우크라이나의 유럽선택

1 Дайте відповіді на запитання:
다음 질문에 답하시오 .

1) Що Ви знаєте про Раду Європи, Європейський Союз?

2) Чи Ваша рідна країна є членом Європейського Союзу?

3) Як, на Вашу думку, Європейський Союз допомагає своїм членам?

Прапор Ради Європи та емблема Європейського Союзу
(유럽회의의 깃발과 유럽연합의 상징)

2 Прочитайте слова до теми:

주제와 관련된 단어를 읽으시오.

радник, *-а*	고문, 평의원
директорат, *-у*	이사, 이사회
випробування, *-я*	시도
спостерігач, *-а*	관찰자
вибори, *-ів*	선거
підтримка, *-и*	지지
склад, *-у*	구성원
учасник, *-а*	참여자
студії, *-ій*	연구
влада, *-и*	권력, 힘
режим, *-у*	정권
генерація, *-ії*	세대, 시대
здобуток, *-тку*	업적, 성취
переговори, *-ів*	협상
колапс, *-у*	붕괴

зазначати, *-аю, -аєш* зазначити, *-чу, -чиш*	*що? як?*	가리키다, 짚고 넘어가다
розраховувати, *-ую, -уєш* розрахувати, *-ую, -уєш*	*на кого? на що?*	계산하다, 예상하다
звертатися, *-аюся, -аєшся* звернутися, *-нуся, -нешся*	*до кого? як?*	~한테 말하다, 호소하다
просувати, *-аю, -аєш* просунути, *-ну, -неш*	*кого? що? як? куди?*	추진하다, 나아가게 하다
представляти, *-яю, -яєш* представити, *-влю, -виш*	*кого? що? де?*	대표하다, 대변하다
перетворюватися, *-ююся, -юєшся* перетворитися, *-рюся, -ришся*	*на/у кого? на/у що?*	변화하다, 전환하다
втрачати, *-аю, -аєш* втратити, *-ачу, -атиш*	*кого? що?*	잃다, 상실하다
відбуватися, *-аюся, -аєшся* відбутися, *-будуся, -будешся*	*де? як?*	발생하다, 일어나다

Зверніть увагу! [주의!]

ЄС = Європейський Союз (유럽연합)
РЄ = Рада Європи (유럽회의 혹은 유럽평의회)

3 Прочитайте текст і зверніть увагу на нові слова:

새로운 단어에 유의하며, 텍스트를 읽어봅시다.

Радник Генерального директорату з політичних справ Ради Європи Племен Ніколов, зазначив у своїй доповіді, що Україна пройшла випробування на демократію. Усі спостерігачі від Ради Європи сказали, що парламентські вибори, які нещодавно пройшли в Україні, були демократичними. Треба зазначити, що народ України зробив власний демократичний вибір. Тому Україна і надалі може розраховувати на підтримку та допомогу РЄ. "Ви, – сказав пан Ніколов, звертаючись до учасників, – ті особи, які мають просувати ці ідеї в суспільстві".

Андрій Мелешевич, декан юридичного факультету Києво-Могилянської академії сказав, що був приємно здивований, коли побачив склад учасників Української школи політичних студій, адже вони представляють усю Україну, всі регіони, всі партії. "Для мене важливо, – зазначив пан Мелешевич, – що Україна перетворилася в парламентсько-президентську республіку. Усі країни, які мають такий політичний режим упродовж кількох генерацій – це парламентські режими. Усі режими, в яких рано чи пізно стався колапс – це, як правило, президентські режими. Сильна президентська влада може втратити демократичні здобутки. Приклади – Росія, Білорусь. В Україні зараз відбувається перетворення на парламентсько-президентську республіку, що має демократичне продовження".

(За матеріалами "Юридичної газети")

4 Дайте відповіді на запитання:

질문에 답하시오.

1) Що Ви знаєте про Європейський Союз?
2) Що сказав радник Генерального директорату з політичних справ Ради Європи Племен Ніколов про Україну?
3) У чому, на думку Племена Ніколова, проявився демократичний вибір України?
4) Чим був здивований Андрій Мелешевич?
5) Що треба робити, щоб не втратити демократії?
6) У яку республіку перетворилася Україна останнім часом?
7) Що Україні треба ще вчитися у країн ЄС?
8) Як Ви думаєте, чи Україна ввійде до ЄС?

Запам'ятайте керування дієслів:

동사의 활용을 암기합시다.

зазначати, *-аю, -аєш* зазначити, *-чу, -чиш*	*що? як?*
розраховувати, *-ую, -уєш* розрахувати, *-ую, -уєш*	*на кого? на що?*
звертатися, *-аюся, -аєшся* звернутися, *-нуся, -нешся*	*до кого? як?*
просувати, *-аю, -аєш* просунути, *-ну, -неш*	*кого? що? як? куди?*
представляти, *-яю, -яєш* представити, *-влю, -виш*	*кого? що? де?*
перетворюватися, *-ююся, -юєшся* перетворитися, *-рюся, -ришся*	*на/у кого? на/у що?*
втрачати, *-аю, -аєш* втратити, *-ачу, -атиш*	*кого? що?*
відбуватися, *-аюся, -аєшся* відбутися, *-будуся, -будешся*	*де? як?*

5 Складіть речення з цими дієсловами:

위의 동사들을 이용하여 작문하시오.

---

6 Поставте пропущені слова у реченні:

빈칸을 채워 문장을 완성하시오.

1) Україна ____________ випробування на демократію.

2) Усі спостерігачі від Ради Європи ____________, що парламентські вибори, які нещодавно ____________ в Україні, були демократичними.

3) Треба зазначити, що народ України ____________ власний демократичний вибір.

4) Тому Україна і надалі може ____________ на підтримку та допомогу РЄ.

5) Україна ____________ в парламентсько-президентську республіку.

6) В Україні зараз ____________ перетворення на парламентсько-президентську республіку.

7 Трансформуйте діалоги у непряму мову:

아래의 문장을 간접화법으로 바꾸시오.

– Вікторе, що ти будеш робити завтра?

– Ще не знаю. Буду відпочивати.

– А ти не забув, що обіцяв мені допомогти. Мені треба написати твір про рідну країну.

– Звичайно, пам'ятаю, Борисе.

– Саміре, поїдемо в кінотеатр "Київ"?

– А де розташований цей кінотеатр?

– На Хрещатику. Ти був там?

– Ні, не був. Але знаю, що Хрещатик – це центральна вулиця Києва.

– Так. Хрещатик не дуже великий, але дуже гарний.

Складні речення зі сполучниками який, яка, яке, які у різних відмінках

관계대명사 який, яка, яке, які 를 다양한 격으로 활용한 복문

Це картина, **яка (що)** мені дуже подобається.
Це картина, **яку** намалював цей відомий художник.
Це картина, **на якій (де)** зображено бій козаків з поляками під Львовом.
Це картина, **якою** я дуже цікавлюся.

8 Знайдіть у тексті складні речення зі сполучниками який, яка, яке, які у різних відмінках:

텍스트 내 관계대명사 який, яка, яке, які 를 다양한 격으로 활용한 복문을 찾아 쓰시오.

9 Допишіть речення:

문장을 완성하시오.

Моя мама працює в лікарні, в якій ____________________

Сьогодні багато студентів вчаться в інституті, який

____

Мені подобається працювати в саду, в якому

____

Я дуже люблю місто Львів, яке ____________________

Мій син вчиться у школі, яку ____________________

Це картина відомого художника, якою ____________________

Я вчуся на економічному факультеті, на якому

____

10 Напишіть 4–5 складних речень зі сполучниками який, яка, яке, які у різних відмінках:

관계대명사 який, яка, яке, які 를 다양한 격으로 활용하여 4-5개의 복문을 쓰시오.

____

____

____

____

____

____

____

____

____

____

11 **Напишіть коротку розповідь на тему: "Як Ви думаєте, чи Україна має шанс стати членом Європейського Союзу? Чому?"**

다음의 주제로 짧은 글을 쓰시오.
"당신은 우크라이나가 유럽연합의 일원이 될 수 있는 기회가 있다고 생각하십니까? 왜 그렇게 생각하는지요?

Урок 14

Страх голоду

제14과 기아의 공포

1 Дайте відповіді на запитання:

다음 질문에 답하시오.

1) Що Ви знаєте про голод, зокрема про голод в Україні у 1932–1933 роках?

2) Як Ви думаєте, як почувається людина, яка довго не їла?

3) Чи був голод в інших країнах світу?

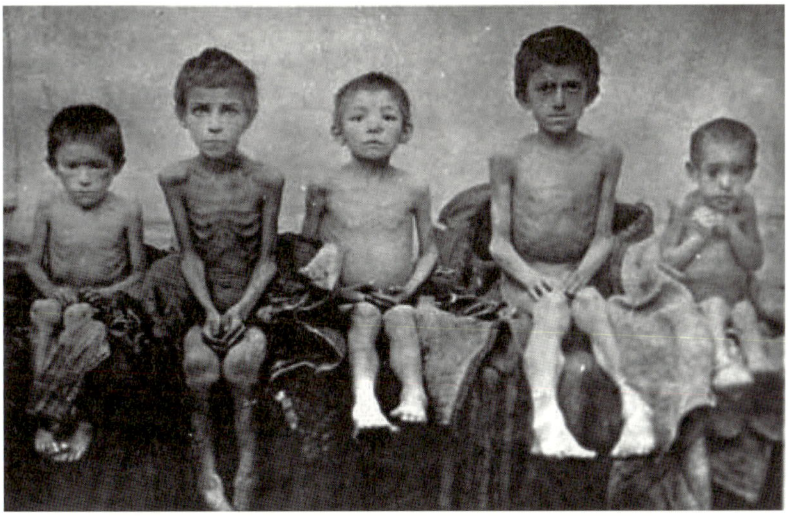

Голодомор в Україні 1932–1933 років (1932-33년 우크라이나의 대기근)

2 Прочитайте слова до теми:

주제와 관련된 단어를 읽으시오.

відстань, *-і*	거리, 먼 곳, 간격
хутір, *-тора*	농장
поле, *-я*	들판
птах, *-а*	새
рослина, *-и*	식물
заєць, *зайця*	산토끼
радість, *-дості*	기쁨
сокира, *-и*	도끼

неораний, *-а, -е, -і*	개간되지 않은
несподіваний, *-а, -е, -і*	예기치 않은
винятковий, *-а, -е, -і*	예외적인, 이례의
мертвий, *-а, -е, -і*	죽은
гострий, *-а, -е, -і*	날카로운, 뾰족한

забуватися, *-аюся, -аєшся* забутися, *-удуся, -удешся*	*як?*	잊다
зникати, *-аю, -аєш* зникнути, *-ну, -неш*	*звідки?*	사라지다, 소멸하다
траплятися, *-яється* трапитися, *-питься*	*з ким? з чим? де?*	생기다, 발생하다
відчувати, *-аю, -аєш* відчути, *-ую, -уєш*	*що? де?*	느끼다
піднімати, *-аю, -аєш* підняти, *-німу, -німеш*	*кого? що? звідки?*	(들어) 올리다
розрізувати, *-ую, -уєш* розрізати, *-іжу, -іжеш*	*що? кого? як?*	자르다, 절개하다
підгинатися, *-аюся, -аєшся* підігнутися, *-нуся, -нешся*	*як? куди?*	굽다, 휘다

3 Прочитайте текст і зверніть увагу на нові слова:

새로운 단어에 유의하며, 텍스트를 읽어봅시다.

Корній пішов до лісу. Пройшов велику відстань через село і вийшов туди, де стояв колись хутір Мартина.

Тепер тут поле. Зник зелений хутір. Корній підійшов до нього і зупинився. Скільки вже років минуло? А скільки днів? Багато, дуже багато, але все забулося і, здається, наче був це один день...

Корній шукає їсти. Він думає про жінку Марію, дочку й маленьку онучку. Усі вони хочуть їсти, всі чекають на нього дома. І йшов по лісі, дивився на птахів, на дерева і рослини... Що ж він тут знайде?...

Йшов через неорані поля. Трапилося щастя, зовсім несподіване і виняткове. Серед поля, де ще був сніг, лежав мертвий заєць. Корній зупинився й довго стояв, бо як же можна повірити, що то дійсно заєць, мертвий і готовий на те, щоб тільки взяти його і з'їсти. Корній відчув радість.

Він підняв зайця. Розрізав його гострою сокирою і сів відпочити та поїсти. Не їв же сьогодні нічого.

Думав про Марію.

"Якби знав, що зайду додому, не починав би їсти того зайця. Хай би був дитині. Та ж не зайду. Як зайдеш, коли ноги підгинаються й не хочуть йти... Що хочеш роби, а вони не хочуть і кінець..."

(За Уласом Самчуком)

4 Дайте відповіді на запитання:

질문에 답하시오.

1) Куди пішов Корній?

2) Куди він вийшов?

3) Що Корній собі пригадав?

4) Що він шукав?

5) Що знайшов Корній?

6) Чи взяв він зайця?

7) Якою була погода того дня?

8) Чи почав їсти Корній зайця по дорозі чи поніс його додому?

9) Що трапилося з ним потім?

10) Як Ви думаєте, чому Корній почав їсти зайця по дорозі і що він говорив собі?

Запам'ятайте керування дієслів:
동사의 활용을 암기합시다.

забуватися, *-аюся, -аєшся* забутися, *-удуся, -удешся*	*як?*
зникати, *-аю, -аєш* зникнути, *-ну, -неш*	*звідки?*
траплятися, *-яється* трапитися, *-питься*	*з ким? з чим? де?*
відчувати, *-ую, -уєш* відчути, *-ую, -уєш*	*що? де? з ким? з чим?*
піднімати, *-аю, -аєш* підняти, *-німу, -німеш*	*кого? що? звідки?*
розрізувати, *-ую, -уєш* розрізати, *-іжу, -іжеш*	*що? кого? як?*
підгинатися, *-аюся, -аєшся* підігнутися, *-нуся, -нешся*	*як? куди?*

5 Складіть речення з цими дієсловами:
위의 동사들을 이용하여 작문하시오.

6 Напишіть минулий час поданих слів:

아래 제시된 단어들의 과거형을 쓰시오.

забуватися ____________________

забутися ____________________

зникати ____________________

зникнути ____________________

траплятися ____________________

трапитися ____________________

відчувати ____________________

відчути ____________________

піднімати ____________________

підняти ____________________

розрізувати ____________________

розрізати ____________________

підгинатися ____________________

підігнутися ____________________

7 Поставте пропущені слова у реченні:

빈칸을 채워 문장을 완성하시오.

1) Корній ____________ велику відстань через село і ____________ туди, де стояв колись хутір Мартина.

2) Корній ____________ до хутора і зупинився.

3) Він ____________ про жінку Марію, дочку й маленьку онучку.

4) Усі вони ____________ їсти, всі ____________ на нього дома.

5) Серед поля, де ще був сніг, ____________ мертвий заєць.

6) Корній ____________ й довго ____________, бо як же можна повірити, що то дійсно заєць.

7) Він ____________ зайця, ____________ його гострою сокирою і сів відпочити та поїсти.

8) Як зайдеш, коли ноги ____________ й не хочуть йти.

Умовний спосіб

가정법

Умовний спосіб означає дію, яка бажана або можлива тільки за певних умов.
Умовний спосіб утворюється так: до форми дієслів минулого часу додати частки **б** (після голосного звука – **написали б, прочитали б**) або **би** (після приголосного звука – **написав би, прочитав би**).
Також **умовний спосіб** виражають за допомогою сполучника **якби**.

Він ніколи не **зміг би** забути Батьківщину.
Якби у нього був вільний час, він **би написав** вправу.

8 Знайдіть у тексті речення з умовним способом:

텍스트에서 가정법을 사용한 문장을 찾아 쓰시오.

9 Дайте відповіді на запитання:

질문에 답하시오.

1) Ким він хотів би бути, якби йому дали зробити вибір ще раз?

2) Що ти зробив би, якби ти був президентом?

3) Якби у тебе було багато грошей, що ти купив би?

4) Якби сьогодні була гарна погода, куди б ти пішла?

10 Напишіть 3–4 речення з умовним способом:

가정법을 이용해 3-4문장을 쓰시오.

11 Напишіть коротку розповідь на тему: "Мої враження від прочитаного твору".

다음의 주제로 짧은 글을 쓰시오.
"작품을 읽은 후 나의 인상"

Урок 15

Імміграція українців

제15과 우크라이나인들의 이민

1 Дайте відповіді на запитання:

다음 질문에 답하시오.

1) Як Ви думаєте, чому люди почали іммігрувати? Які на це могли бути причини?

2) Що Ви знаєте про імміграцію українців, куди і коли вони найчастіше переїжджали?

3) Які, на Вашу думку, були причини переселення українців?

Українські переселенці у США, штат Північна Дакота, кінець XIX століття
(미국 내 우크라이나 이민자들, 북부 다코타, 19세기 말)

Драматичне товариство ім. І. Котляревського, Вінніпег, Канада, 1914 рік
(코틀랴레우스키 드라마 협회, 캐나다 위니펙, 1914)

Українські заробітчани збираються в дорогу, 2000-ні роки
(우크라이나 노동자들, 2000년대)

2 Прочитайте слова до теми:

주제와 관련된 단어를 읽으시오.

причина, *-и*	이유, 원인
межа, *-і*	국경, 경계
явище, *-а*	현상
перенаселеність, *-ності*	인구과잉
утиск, *-у*	억압, 탄압
землевласник, *-а*	토지소유자, 지주
торговець, *-вця*	상인
священик, *-а*	신부, 사제, 성직자
службовець, *-вця*	사무원
репатріант, *-а*	본국으로의 송환자
військовополонений, *-ого*	전쟁포로
зрадник, *-а*	반역자, 배신자
біженець, *-нця*	난민, 망명자
безробіття, *-я*	실업

вимушений, *-а, -е, -і*	강요된
добровільний, *-а, -е, -і*	자발적인
постійний, *-а, -е, -і*	지속적인, 계속적인
тривалий, *-а, -е, -і*	오래끈, 연장된
масовий, *-а, -е, -і*	대규모의, 대량의
трудовий, *-а, -е, -і*	노동의
зумовлений, *-а, -е, -і*	(~에 의해) 정해진, 기인한
окупаційний, *-а, -е, -і*	점령의
перехідний, *-а, -е, -і*	변천하는, 과도적인

переселятися, *-яюся, -яєшся* переселитися, *-люся, -лишся*	*куди? звідки?*	이주하다
виділяти, *-яю, -яєш* виділити, *-лю, -лиш*	*кого? що? як?*	나누다, 할당하다
спричиняти, *-яю, -яєш* спричинити, *-ню, -ниш*	*що? де? коли?*	유발시키다, 일으키다
тривати, *-аю, -аєш*	*як довго?*	지속하다, 연속하다
боротися, *борюся, борешся* поборотися, *-борюся, -борешся*	*за кого (що)? проти кого (чого)?*	싸우다
переїжджати, *-аю, -аєш* переїхати, *-їду, -їдеш*	*куди? звідки?*	이주하다, 옮기다
виїжджати, *-аю, -аєш* виїхати, *-їду, -їдеш*	*куди? звідки?*	떠나다, 나가버리다

Зверніть увагу! [주의!]

Іммігрант – громадянин однієї держави, який оселяється постійно чи на тривалий термін на території іншої держави.
Емігрант – громадянин, який вимушено чи добровільно переселяється зі своєї батьківщини в інші країни через економічні, політичні або релігійні причини.

в основному = головно = здебільшого	주로
більшою мірою	대단히, 대부분이
силоміць	강제로, 억지로

3 Прочитайте текст і зверніть увагу на нові слова:
새로운 단어에 유의하며, 텍스트를 읽어봅시다.

Українська еміграція – так називають українців, які вимушено чи добровільно з економічних, політичних або релігійних причин переселилися за межі України в іншу країну на постійне чи тривале проживання. Це явище починається наприкінці XIX століття і триває до сьогодні. Дослідники виділяють чотири періоди в історії української еміграції.

Перший період: імміграція до 1914 року. Він почався наприкінці XIX століття і тривав до початку Першої світової війни. Це масова трудова еміграція до США, Бразилії, Канади, Російського Сибіру, Аргентини, Австралії, Нової Зеландії, на Гавайські острови. Цю еміграцію спричинили як і аграрна перенаселеність українських територій, так і утиски: економічні, соціальні, політичні.

Другий період: іммігранти та емігранти у міжвоєнний період. Він тривав між Першою і Другою світовими війнами у XX столітті і був зумовлений соціально-економічними та політичними причинами. Емігрували головно ті українці, які боролися проти радянської влади. Це були великі та середні землевласники, торговці, службовці, священики, інтелігенція, солдати. Вони виїздили до Польщі, Чехословаччини, Австрії, Румунії, Болгарії, Німеччини, Франції, США і Канади.

Третій період: після Другої світової війни. Він зумовлений головно політичними причинами і почався наприкінці Другої світової війни. Більшою мірою це репатріанти з англійської, американської, французької окупаційних зон. Найбільше серед них було колишніх військовополонених, яких Радянський Союз вважав зрадниками, а також це були люди, силоміць забрані на роботу до Німеччини. Були тут також і біженці, хто не підтримував радянську владу. Більшість емігрантів цього періоду переїхала до Канади, США, Великобританії, Австралії, Бразилії, Аргентини, Франції.

Четвертий період – так званий "заробітчанський" – почався у 1990-х роках. Його головні причини – економічна криза перехідного періоду в Україні, здебільшого безробіття. У результаті цього на тимчасову роботу в країни Європи, Америки і в Росію виїхало близько 7–8 мільйонів людей. Частина з них, мабуть, вже не повернеться в Україну.

(За матеріалами http://uk.wikipedia.org/wiki/)

4 Дайте відповіді на запитання:

질문에 답하시오.

1) Що означає термін "українська еміграція "?

2) З яких причин українці почали переселятися за межі України?

3) Скільки періодів виділяють в історії української еміграції?

4) Куди (в які країни) найчастіше переселялися українці? Чому?

5) Коли почався перший період імміграції?

6) Які причини імміграції першого періоду?

7) Коли був другий період імміграції?

8) Якими причинами він був зумовлений?

9) Коли почався третій період імміграції?

10) Які його причини?

11) Коли почався четвертий період імміграції?

12) Якими причинами він був зумовлений?

5 Підберіть синоніми до поданих слів:

제시된 단어들의 동의어를 고르시오.

емігрувати – ______________________

6 Підберіть антоніми до поданих слів:

제시된 단어들의 반의어를 고르시오.

повертатися – ______________________

Запам'ятайте керування дієслів:

동사의 활용을 암기합시다.

переселятися, *-яюся, -яєшся* переселитися, *-люся, -лишся*	*куди? звідки?*
виділяти, *-яю, -яєш* виділити, *-лю, -лиш*	*кого? що? як?*
спричиняти, *-яю, -яєш* спричинити, *-ню, -ниш*	*що? де? коли?*
тривати, *-аю, -аєш*	*як довго?*
боротися, *борюся, борешся* поборотися, *-борюся, -борешся*	*за кого (що)? проти кого (чого)?*
переїжджати, *-аю, -аєш* переїхати, *-їду, -їдеш*	*куди? звідки?*
виїжджати, *-аю, -аєш* виїхати, *-їду, -їдеш*	*куди? звідки?*

7 Складіть речення з цими дієсловами:

위의 동사들을 이용하여 작문하시오.

8 Поставте пропущені слова у реченні:
빈칸을 채워 문장을 완성하시오.

1) Українська еміграція ______________ наприкінці XIX століття і ______________ до сьогодні.

2) Дослідники ______________ чотири періоди в історії української еміграції.

3) Цю еміграцію ______________ як і аграрна перенаселеність українських територій, так і утиски: економічні, соціальні, політичні.

4) Емігрували в основному ті українці, які ______________ проти радянської влади.

5) Вони ______________ до Польщі, Чехословаччини, Австрії, Румунії, Болгарії, Німеччини, Франції, США і Канади.

6) Четвертий період – так званий "заробітчанський" – ______________ у 1990-х роках.

Дієслова руху з префіксами

접두사를 가진 동작동사

по- (п-)	поїхати, піти, полетіти, побігти...	*куди? звідки?*	Іван пішов на роботу. Ми поїхали до Києва.
при-	приїхати, прийти, прилетіти…	*звідки? куди?*	Іван прийшов з роботи. Ми приїхали з Києва.
в-(у-)	в'їхати, увійти, влетіти, вбігти…	*куди?*	Іван увішов до кімнати. Ми в'їхали до Києва.
ви-	виїхати, вийти, вилетіти, вибігти...	*звідки?*	Іван вийшов з кімнати. Ми виїхали з Києва.
за-	заїхати, зайти, залетіти, забігти…	*куди? до кого?*	Іван зайшов до кімнати. Ми заїхали до Андрія.
під-	під'їхати, підійти, підлетіти…	*куди? до кого?*	Іван підійшов до Андрія. Таксі під'їхало до зупинки.
від-	від'їхати, відійти, відлетіти…	*від кого?* *від чого?*	Іван відійшов від Андрія. Таксі від'їхало від зупинки.
пере-	переїхати, перейти, перелетіти…	*що? через що?* *куди? звідки?*	Іван перейшов через дорогу. Ми переїхали з Києва до Львова.
про-	проїхати, пройти, пролетіти…	*повз що? мимо кого? мимо чого? над ким? над чим?*	Іван пройшов мимо Андрія. проїхало повз зупинку. Літак пролітає над містом.
об-	об'їхати, обійти, облетіти…	*що? кого? довкола чого?*	Іван обійшов Андрія. Таксі об'їхало довкола пам'ятника.

9 Знайдіть у тексті дієслова руху з префіксами:

위의 텍스트에서 접두사를 가진 동작동사를 찾으시오.

10 Доповніть речення дієслова руху іти – ходити, їхати – їздити з префіксами:

іти – ходити, їхати – їздити 동작동사에 접두사를 사용하여 문장을 완성하시오.

1) Студенти ______ з однієї аудиторії в іншу.

2) Туристи швидко ______ центр міста.

3) Андрій ______ з роботи о 6 годині.

4) Друзі вирішили ______ до книгарні та подивитися на нові книжки.

5) Діти швидко ______ до кімнати.

6) Сьогодні я ______ в бібліотеку, щоб повернути книжки.

7) Після уроків учні швидко ______ зі школи.

8) Автобус ______ до зупинки.

11 Напишіть 4–5 речень з дієсловами руху з префіксами:

접두사를 가진 동작동사를 사용하여 4-5개의 문장을 쓰시오.

______

______

______

______

______

______

______

______

12 Напишіть коротку розповідь на тему: "Як Ви думаєте, чому відбувається імміграція у наш час? Які її причини?"

다음의 주제로 짧은 글을 쓰시오.
"우리 시대에 왜 이민이 발생한다고 생각하십니까? 그 원인은 무엇일까요?"

Урок 16

Права людини

제16과 인권

1 Дайте відповіді на запитання:
다음 질문에 답하시오.

1) Що Ви знаєте про права людини?

2) Як Ви думаєте, чи дотримуються права людини в усіх країнах світу?

3) Куди Ви звертаєтесь, якщо порушуються Ваші права?

ПРАВА
ЛЮДИНИ

(인권)

2 Прочитайте слова до теми:

주제와 관련된 단어를 읽으시오.

гарантія, *-ії*	보장, 보증
захист, *-у*	방어, 보호
посягання, *-я*	침해, 잠식, 침범
гідність, *-ності*	존엄, 품위, 위엄
боротьба, *-и*	투쟁, 분투, 싸움
порушення, *-я*	위반, 침해
справедливість, *-вості*	정의
відмінність, *-ності*	차이, 다른점
поняття, *-я*	개념, 의견, 생각
прагнення, *-я*	지향, 갈망, 추구
прийом, *-у*	수용, 응접
відокремлення, *-я*	분리, 이별, 구분
незалежність, *-ності*	독립, 자립, 자주

невід'ємний, *-а, -е, -і*	양도할 수 없는, 뺏을 수 없는
потрібний, *-а, -е, -і*	필요한, 필수적인, 불가피한
пов'язаний, *-а, -е, -і*	연결된, 관련된
певний, *-а, -е, -і*	어떤, 특정한
обдурений, *-а, -е, -і*	속임수에 넘어간, 배반당한

володіти, *-ію, -ієш* заволодіти, *-ію, -ієш*	*ким? чим?*	잘알다, 숙지하다, 가지고 있다
розвалювати, *-юю, -юєш* розвалити, *-лю, -лиш*	*що? як? де?*	허물다, 와해하다
порушуватися, *-уюся, -уєшся* порушитися, *-шуся, -шишся*	*де? як? коли?*	침해되다, 준수되지 않다
хапатися, *-аюся, -аєшся* схопитися, *схоплюся, схопишся*	*за кого? за що? як?*	사용하다, 이용하다
прикривати, *-аю, -аєш* прикрити, *-ию, -иєш*	*кого? що? як?*	숨기다, 보호하다, 지키다
боротися, *борюся, борешся* поборотися, *-борюся, -борешся*	*за кого (що)?* *проти кого (чого)?*	싸우다
дискримінувати, *-ую, -уєш*	*кого? що? за що?*	차별하다, 구별하다
молитися, *молюся, молишся* помолитися, *-молюся, -молишся*	*кому? за кого?* *за що?*	기도하다
йтися, *ідеться*	*про кого? про що? де?*	~에 관한 이야기이다

протиставлятися, *-яюся, -яєшся* протиставитися, *-влюся, -вишся*	*кому? чому? як?*	반대하다
карати, *-аю, -аєш* покарати, *-аю, -аєш*	*кого? за що? як?*	처벌하다, 처형하다

Зверніть увагу! [주의!]

відтоді	그때부터
причому	게다가

3 Прочитайте текст і зверніть увагу на нові слова:
새로운 단어에 유의하며, 텍스트를 읽어봅시다.

Права людини – це права, які кожний має лише тому, що він є людиною, якими всі люди володіють однаково і які є невід'ємними. Вони є соціальними і політичними гарантіями, потрібними для захисту особи від посягань на людську гідність з боку сучасних держав.

Права людини були тією силою, за допомогою якої Рейган розвалив Радянський Союз. У Радянському Союзі справді дуже порушувалися права людини, і боротьба проти цих порушень була боротьбою за справедливість, за краще життя і в Росії, і на всій планеті. Але відтоді за цей ідеал – права людини – стали хапатися фанатики або просто люди, які до кінця не розуміли значення цього поняття.

У чому відмінність між тими правами людини, якими прикривають свої недобрі прагнення релігійні і націоналістичні фанатики, – і тими правами людини, за які боролися Рейган, Сахаров, дисиденти? Поясню на прикладі. Якщо ізраїльського араба дискримінують при прийомі на роботу через те, що він араб, якщо йому не дають молитися його Аллаху, розмовляти і творити арабською мовою – то це порушення прав людини, причому порушення, пов'язане з національною або релігійною дискримінацією. Але якщо певна етнічна чи релігійна група веде колективну боротьбу за територіальне відокремлення, незалежність тощо – то це вже інше завдання... Тут йдеться про права та інтереси однієї групи населення, які протиставляються правам та інтересам іншої або інших груп...

Висновок: поки людство, обдурене демагогією про права людини, не каратиме країн-агресорів, миру на планеті не бувати.

(За О. Воїном)

4 Дайте відповіді на запитання:
질문에 답하시오.

1) Що означає термін "права людини"?

2) Які є права людини?

3) За допомогою чого Рейган розвалив Радянський Союз?

4) Чому в Радянському Союзі дуже порушувалися права людини?

5) За що почали хапатися релігійні і націоналістичні фанатики?

6) Як дискримінують ізраїльського араба?

7) За що веде боротьбу певна етнічна чи релігійна група?

8) Чому миру на планеті не бувати?

Запам'ятайте керування дієслів:
동사의 활용을 암기합시다.

володіти, *-ію, -ієш* заволодіти, *-ію, -ієш*	*ким? чим?*
розвалювати, *-юю, -юєш* розвалити, *-лю, -лиш*	*що? як? де?*
порушуватися, *-уюся, -уєшся* порушитися, *-шуся, -шишся*	*де? як? коли?*
хапатися, *-аюся, -аєшся* схопитися, *схоплюся, схопишся*	*за кого? за що? як?*
прикривати, *-аю, -аєш* прикрити, *-ию, -иєш*	*кого? що? як?*
боротися, *борюся, борешся* поборотися, *-борюся, -борешся*	*за що? проти кого?*
дискримінувати, *-ую, -уєш*	*кого? що? за що?*
молитися, *молюся, молишся* помолитися, *-молишся, -молишся*	*кому? за кого? за що?*
йтися, *ідеться*	*про кого? про що? де?*
протиставлятися, *-яюся, -яєшся* протиставитися, *-влюся, -вишся*	*кому? чому? як?*
карати, *-аю, -аєш* покарати, *-аю, -аєш*	*кого? за що? як?*

5 Складіть речення з поданими дієсловами:
위의 동사들을 이용하여 작문하시오.

6 Поставте пропущені слова у реченні:

빈칸을 채워 문장을 완성하시오.

1) Права людини – це права, які кожний має лише тому, що він є людиною, і якими всі люди ____________________ однаково.

2) Права людини були тією силою, за допомогою якої Рейган ____________________ Радянський Союз.

3) У Радянському Союзі справді дуже ____________________ права людини.

4) Відтоді за права людини стали ____________________ фанатики або просто люди, які до кінця не розуміли значення цього поняття.

5) У чому відмінність між тими правами людини, якими ____________________ свої недобрі прагнення релігійні і націоналістичні фанатики, – і тими, за які ____________________ Рейган, дисиденти та інші.

6) Поки людство, обдурене демагогією про права людини, не ____________________ країн-агресорів, миру на планеті не бувати.

Знахідний відмінок з прийменниками

전치사 + 대격

про через у/в, на за	*+ Знахідний відмінок*

7 Знайдіть у тексті конструкції Знахідного відмінка з прийменником:

위의 텍스트에서 전치사+대격의 구성을 찾으시오.

8 Напишіть вправу за зразком:

아래의 예시와 같이 문장을 완성하시오.

Зразок

Він читає книжку про ____________ (батьківщина).
Він читає книжку про **батьківщину**.

1) Оксана іде в ____________ (новий магазин).

2) Друзі часто розповідають про ____________ (свої плани).

3) Студенти повернуться через ____________ (година).

4) Тараса Шевченка заарештували за ____________ (любов) до України.

5) Усі люди мріють про ____________ (мир) на планеті.

6) Треба боротися за ____________ (свої права).

9 Напишіть 4 речення зі словами у Знахідному відмінку з прийменником:

전치사+대격으로 구성된 4 개의 문장을 쓰시오.

Складні речення зі сполучником якщо (коли)

접속사 якщо(коли)를 사용한 복문

Складні речення зі сполучником **якщо** вказують на умову, за якої можливо те, про що йдеться в головному реченні і відповідають на питання **за якої умови?** та приєднуються до нього за допомогою сполучників **якщо, коли**.

Якщо добре попрацюєш, одержиш нагороду.
Оксана планує поїхати у подорож по Середземному морі, **якщо** у неї буде багато вільного часу.

10 Знайдіть у тексті складні речення зі сполучником якщо:

위의 텍스트에서 접속사 якщо 를 사용한 복문을 찾으시오.

11 Допишіть речення.

문장을 완성하시오.

1) Якщо це допоможе мені, то

2) Якщо завтра буде гарна погода,

3) Ми підемо у кіно наступного тижня, якщо

4) Якщо я добре складу екзамени,

5) Марія поїде в Україну скоро, якщо

6) Якщо ввечері буде падати дощ, то

12 Напишіть 4–5 речень зі сполучником якщо:

접속사 якщо 를 이용해 4-5개의 문장을 작성하시오.

13 Напишіть коротку розповідь на тему: "Як Ви думаєте, чи порушуються права людини у Вашій країні?".

다음의 주제로 짧은 글을 쓰시오.
"당신의 나라에서 인권이 침해되는 것에 대해 어떻게 생각하십니까?"

Урок 17

Роль жінки у суспільстві

제17과 사회 속 여성의 역할

1 Дайте відповіді на запитання:

다음 질문에 답하시오.

1) Чи знаєте Ви, якою раніше була роль жінки у суспільстві?

2) Що змінилося у наш час?

3) Чи сьогодні багато жінок керує державами у світі? Чому?

Маргарет Тетчер
(마가렛 대처)

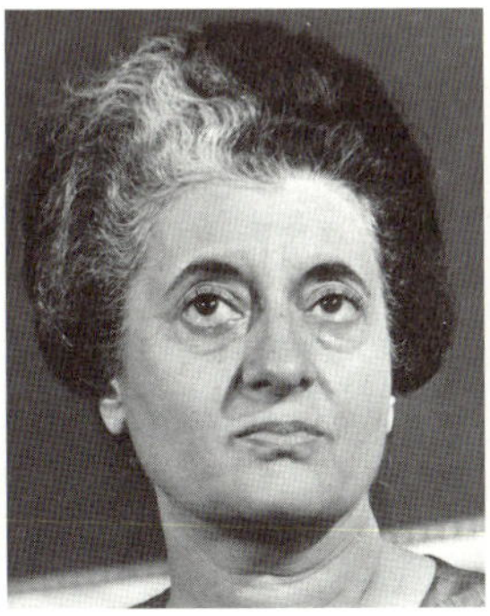

Індіра Ганді
(인디라 간디)

Жанна Д'Арк
(잔 다르크)

2 Прочитайте слова до теми:

주제와 관련된 단어를 읽으시오.

ведення, *-я*	수행, 시행
господарство, *-а*	집안살림, 가사, 업무
виховання, *-я*	교육
догляд, *-у*	보살핌, 돌봄, 관리
арифметика, *-и*	산수, 산술
суспільство, *-а*	사회
право, *-а* (голосу)	참정권, 선거권
установа, *-и*	단체, 기구, 조직
становище, *-а*	상태, 지위
рівноправство, *-а* = рівність, *-ності*	평등, 공정
ставлення, *-я*	태도, 자세

дрібний, *-а, -е, -і*	작은, 자잘한, 사소한
неписьменний, *-а, -е, -і*	문맹의
обмежений, *-а, -е, -і*	한정된, 제한된
певний, *-а, -е, -і*	자신있는, 확신의
належний, *-а, -е, -і*	적절한, 마땅한

займатися, *-аюся, -аєшся* зайнятися, *займуся, займешся*	*ким? чим? де?*	일하다, 종사하다
прислуха́тися, *-аюся, -аєшся* прислу́хатися, *-аюся, -аєшся*	*до кого? до чого?*	귀를 기울이다
тривати, *-аю, -аєш*	*як довго?*	지속하다, 연속하다
вимагати, *-аю, -аєш* вимогти, *-жу, -жеш*	*чого? від кого?*	요구하다
домагатися, *-аюся, -аєшся* домогтися, *-ожуся, -ожешся*	*кого? чого?* *від кого від чого?*	얻다, 도달하다, 이루다
одягатися, *-аюся, -аєшся* одягтися, *-гнуся, -гнешся*	*як? у що?*	입다, 복장을 하다

3 Прочитайте текст і зверніть увагу на нові слова:
새로운 단어에 유의하며, 텍스트를 읽어봅시다.

Раніше жінки займалися веденням домашнього господарства, вихованням дітей, доглядом за будинком та іншими дрібними справами. У той час більшість жінок були неписьменними, а якщо хтось і ходив у школу, то вивчав лише алфавіт, арифметику, читання і письмо. Вони не могли вчитися в університетах, інститутах, тому що їхня роль у суспільстві була обмеженою.

Жінки не мали права голосу, до їхньої думки не прислухалися, вони не працювали в державних установах. В одязі також була певна традиційність. Жінки тоді завжди носили лише спідниці.

Але так не могло тривати довго. Таке становище не подобалося жінкам і вони вимагали рівноправства, належного ставлення до себе. Спочатку жінки домоглися рівності у суспільстві з чоловіками, права голосу, отримання належної освіти і скоро почали одягатися подібно як чоловіки (в моду ввійшли жіночі штани). Однак і в нелегкі часи багато жінок змогли стати відомими, наприклад, Жанна Д'Арк, Індіра Ганді, Маргарет Тетчер та інші.

(За матеріалами http://uk.wikipedia.org/wiki/)

4 Дайте відповіді на запитання:
질문에 답하시오.

1) Чим раніше займалися жінки?

2) Якими були жінки у той час?

3) Що вони вивчали у школі?

4) Чому вони не могли вчитися в університетах, інститутах?

5) Чого не мали жінки у суспільстві в той час?

6) Що вони тоді лише носили (одягали)?

7) Що вимагали жінки?

8) Чого вони домоглися?

9) Як почали одягатися?

10) Яких відомих жінок у світі Ви знаєте?

Запам'ятайте керування дієслів:
동사의 활용을 암기합시다.

займатися, *-аюся, -аєшся* зайнятися, *займуся, займешся*	*ким? чим?*
прислухáтися, *-аюся, -аєшся* прислýхатися, *-аюся, -аєшся*	*до кого? до чого?*
тривати, *-аю, -аєш*	*як довго?*
вимагати, *-аю, -аєш* вимогти, *-жу, -жеш*	*чого? від кого?*
домагатися, *-аюся, -аєшся* домогтися, *-ожуся, -ожешся*	*кого? чого? від кого? від чого?*
одягатися, *-аюся, -аєшся* одягтися, *-гнуся, -гнешся*	*як? у що?*

5 Складіть речення з цими дієсловами:

위의 동사들을 이용하여 작문하시오.

6 Підберіть антоніми до цих слів:

제시된 단어들의 반의어를 고르시오.

неписьменний – ____________

обмежений – ____________

7 Поставте пропущені слова у реченні:

빈칸을 채워 문장을 완성하시오.

1) Раніше жінки ______________ веденням домашнього господарства, вихованням дітей.

2) У той час більшість жінок ______________ неписьменними.

3) Вони не могли вчитися в університетах, інститутах, тому що їхня роль у суспільстві була ______________.

4) Жінки не працювали, до їхньої думки не ______________.

5) Жінки тоді завжди ______________ лише спідниці.

6) Таке становище не подобалося жінкам і вони ______________ рівноправства, належного ставлення до себе.

7) Спочатку жінки ______________ рівності у суспільстві з чоловіками, права голосу, отримання належної освіти.

8) Однак і в нелегкі часи багато жінок ______________ стати відомими, наприклад, Жанна д'Арк, Індіра Ганді, Маргарет Тетчер та інші.

8 Знайдіть у тексті словосполучення у Родовому відмінку однини і множини:

텍스트에서 단수/복수 생격으로 된 구절을 찾아 쓰시오.

____

____

____

____

____

____

____

9 Проаналізуйте таблицю і виконайте вправу.

아래의 표를 참고하여, 텍스트를 완성하시오.

	не було	
У Петра	**нема(є)**	**Чого?**
	не буде	часу

В (Іван) немає (підручник). У (Сергій) нема (словник). У (друг) немає (зошит). У (Петро) немає (батько). У (викладач) немає (час). У (Марта) нема (олівець). У (студент) немає (телевізор). У (Наталя) не було (екзамен). У (мама) немає (здоров'я). В (Оксана) нема (урок).

10 Допишіть речення, використовуючи слова в дужках.

괄호 안의 단어를 활용하여 문장을 완성하시오.

1) У нашому місті багато ... (вулиця, театр, музей).

2) Сьогодні на вулицях міста мало ... (машина, автобус, трамвай).

3) Більшість . . . працює за спеціальністю (людина, чоловік, жінка).

4) Цього місяця Павло отримав декілька ... (лист, листівка).

5) Марта взяла в бібліотеці 5 ... (книжка, журнал).

6) У кіоску було багато ... (зошит, ручка, олівець).

11 Знайдіть у тексті словосполучення в Орудному відмінку однини і множини:

텍스트에서 단수/복수 조격으로 된 구절을 찾아 쓰시오.

12 Допишіть речення.

문장을 완성하시오.

1) Марія живе з ... (свій чоловік).

2) Вона розмовляла з ... (моя подруга).

3) Студенти грали футбол з ... (його молодший брат).

4) Іван працює з ... (ваш друг).

5) Викладач відпочиває з ... (інший викладач).

6) Андрій любить грати баскетбол з ... (іноземний студент).

7) Ми відпочивали разом з ... (відомий спортсмен).

8) Марта вчиться з ... (його сестра).

9) Спочатку моя сестра працювала з ... (її подруга).

10) Викладач познайомив нас з ... (наш декан).

Складні речення зі сполучником тому що

접속사 тому що를 가진 복문

Складні речення зі сполучником **тому що** вживаються для вираження причини дії і відповідають на питання **чому? через що? з якої причини?** і приєднуються до нього сполучниками **бо, тому що, через те що**.
Оксана хоче бути інженером, **тому що** вона любить математику.
Твоє життя і щастя між людьми, **бо** правда і любов на їхнім боці.
Я зробив це **через те, що** люблю тебе.

13 Допишіть речення.

구문을 완성하시오. (서로 맞는 문장을 연결하시오.)

Віктор хоче бути шофером,	тому що вона пише музику.
Іван хоче бути будівельником,	тому що він дуже любить машини.
Марія хоче бути викладачем,	тому що йому подобається будувати міста.
Ганна хоче бути музикантом,	тому що вона любить інститут.
Ігор хоче бути спортсменом,	тому що він любить спорт.
Марта хоче бути лікарем,	тому що вона любить малювати.
Олена хоче бути художником,	тому що вона любить допомагати людям.

14 Напишіть 4–5 речень зі сполучником тому що:

접속사 тому що를 사용해 4-5개의 문장을 만드시오.

15 Напишіть коротку розповідь на тему: "Роль жінки в сучасному суспільстві ".

다음의 주제로 짧은 글을 쓰시오.
"현대 사회 속 여성의 역할"

Урок 18

Футбол

제18과 축구

1 Дайте відповіді на запитання:

다음 질문에 답하시오.

1) Які спортивні ігри Ви знаєте?

2) Чи футбол – це популярна гра у Вас на батьківщині?

3) Чи любите Ви грати у футбол?

Футбольний інвентар (축구 장비)

2 Прочитайте слова до теми:
주제와 관련된 단어를 읽으시오.

збірник, *-а*	책, 문집
рахунок, *-нку*	점수
команда, *-и*	팀
нововведення, *-я*	새제도, 새법칙, 혁신
суддя, *-і*	심판, 판정, 주심
узвишшя, *-я*	높은 지대, 높은 자리, 언덕
дзвіночок, *-чка*	종, 벨, 신호
свисток, *-тка*	호각
контора, *-и*	사무소

остаточно	마침내, 결국
переважно	주로, 대부분
поступово	점차적으로, 점진적으로
зокрема	특별히, 별도로, 각자, 따로

визначати, *-аю, -аєш* визначити, *-чу, -чиш*	*що? як? коли?*	정하다, 결정하다
діяти, *дію, дієш*	*як? коли?*	작용하다, 행동하다
проводити, *-джу, -диш* провести, *-еду, -едеш*	*що? де?*	개최하다, 집행하다
брати, *беру, -еш (участь)* взяти, *візьму, візьмеш*	*що? де?*	참석하다
збиратися, *-аюся, -аєшся* зібратися, *зберуся, зберешся*	*де? що робити?*	모이다
затягуватися, *-уюся, -уєшся* затягнутися, *-нуся, -нешся*	*як?*	지연되다, 지체되다
являтися, *-яюся, -яєшся* явитися, *явлюся, явишся*	*кому? де? як?*	나타나다, 일어나다
стежити, *-жу, -жиш* простежити, *-жу, -жиш*	*за ким? за чим? де? як?*	주시하다, 살펴보다
відігравати, *-раю, -раєш* відіграти, *-аю, -аєш*	*що? де?*	역할을 하다

3 Прочитайте текст і зверніть увагу на нові слова:
새로운 단어에 유의하며, 텍스트를 읽어봅시다.

Ігри з м'ячем, який треба вести та бити ногами, були досить поширені в різних країнах. То чому ж тоді батьківщиною футболу вважається Англія?

В Англії були остаточно визначені футбольні правила, які, переважно, діють і нині. Однак деякі з перших правил змінилися. Скажімо, у збірнику правил 1846 року було записано, що всі матчі, де не відкрито рахунок, мають тривати... не більше трьох днів!

В Англії 1855 року було проведено й перший чемпіонат з футболу. Правда, у ньому брали участь лише кілька команд, і всі вони були з Кембриджського університету.

А 26 жовтня 1865 року в Лондоні було організовано єдину футбольну асоціацію, яка зайнялася реформою футбольних правил. Правда, процес цей затягнувся, і нововведення з'являлися поступово.

У 1875 році на полі з'явилися судді. Спочатку їх було двоє, а третій, головний, ставав на узвишшя і стежив за грою здалеку. Цікаво, що в ті часи головний суддя зупиняв матч ... дзвіночком. Спеціальний суддівський свисток з'явився пізніше. Футбол за англійськими правилами швидко став популярним у всьому світі, зокрема, в Бразилії, як відомо, футбол став популярнішим, ніж у самій Англії. Важливу роль відіграли в цьому англійські моряки, які грали у футбол у далеких портах.

Найдавніші традиції футболу в Україні мають одесити. У сімдесятих роках XIX століття в Одесу переїхали англійці з Керченської індоєвропейської контори телеграфу. Вони і привезли з собою футбол. У 1878 році вони вже грали на Одеському стадіоні...

(За матеріалами http:// gazeta.rv.ua/article/793/)

4 Дайте відповіді на запитання:

질문에 답하시오.

1) Яка країна вважається батьківщиною футболу?

2) Де були остаточно визначені футбольні правила, які діють і нині?

3) Які правила змінилися?

4) Коли було проведено перший чемпіонат з футболу?

5) Які команди брали в ньому участь?

6) Що було організовано в Лондоні 26 жовтня 1865 року?

7) Коли на полі з'явилися судді? Скільки їх було спочатку?

8) Як зупиняв матч головний суддя?

9) У якій країні футбол став популярним, ніж у самій Англії?

10) Хто в Україні має найдавніші традиції футболу?

5 Підберіть синоніми до поданих слів:

제시된 단어들의 동의어를 고르시오.

пізніше – ....

суддя – ....

6 Підберіть антоніми до поданих слів:

제시된 단어들의 반의어를 고르시오.

з'явитися – ....

зупиняти – ....

Запам'ятайте керування дієслів:
동사의 활용을 암기합시다.

визначати, *-аю, -аєш* визначити, *-чу, -чиш*	*що? як? коли?*
діяти, *дію, дієш*	*як? коли?*
проводити, *-джу, -диш* провести, *-еду, -едеш*	*що? де?*
брати, *беру, береш* взяти, *візьму, візьмеш*	*що? де?*
збиратися, *-аюся, -аєшся* зібратися, *зберуся, зберешся*	*де? що робити?*
затягуватися, *-уюся, -уєшся* затягнутися, *-нуся, -нешся*	*як?*
являтися, *-яюся, -яєшся* явитися, *явлюся, явишся*	*кому? де? як?*
стежити, *-жу, -жиш* простежити, *-жу, -жиш*	*за ким? за чим? де? як?*
відігравати, *-раю, -раєш* відіграти, *-аю, -аєш*	*що? де?*

7 Складіть речення з цими дієсловами:
위의 동사들을 이용하여 문장을 작성하시오.

8 Поставте пропущені слова у реченні:

빈칸을 채워 문장을 완성하시오.

1) В Англії були остаточно ____________ футбольні правила, які ____________ і нині.

2) Однак деякі з перших правил ____________.

3) В Англії 1855 року було ____________ й перший чемпіонат з футболу.

4) 26 жовтня 1865 року в Лондоні було ____________ єдину футбольну асоціацію.

5) Правда, процес цей ____________, і нововведення ____________ поступово.

6) У 1875 році на полі ____________ судді.

7) Цікаво, що в ті часи головний суддя ____________ матч дзвіночком.

8) Важливу роль ____________ у цьому англійські моряки, які грали у футбол у далеких портах.

9) Найдавніші традиції футболу в Україні ____________ одесити.

10) У сімдесяті роки XIX століття в Одесу ____________ англійці з Керченської індоєвропейської контори телеграфу.

Коли? (форми вираження часу)

"언제?" (시간을 나타내는 표현들)

дата	відмінок	приклад
число + місяць	Родовий (Gen.)	першого грудня, сьомого вересня, двадцятого липня
число + місяць + рік	Родовий (Gen.)	десятого квітня тисяча дев'ятсот сорок третього року
місяць	Місцевий (Loc.)	у/в жовтні, в/у березні, у/в листопаді
місяць + рік	Місцевий + Родовий	у грудні дві тисячі сьомого року
рік	Місцевий *або* Родовий	у тисяча дев'ятсот сімдесят п'ятому році тисяча дев'ятсот сімдесят п'ятого року

9 Знайдіть у тексті речення, де є конструкції вираження часу.

위의 텍스트에서 시간 표현의 구조를 가진 문장을 찾으시오.

10 Складіть 4 речення з конструкціями вираження часу.

시간 표현의 구조를 가진 4 개의 문장을 만드시오.

Речення зі вставними словами і конструкціями

삽입어구를 가진 문장

Слова **здається, можливо (мабуть), правда (щоправда), цікаво, на мою думку, я думаю (я вважаю), як відомо** та інші **– це вставні слова і конструкції**, які не змінюють значення речення, а тільки виражають припущення, ймовірність, наше ставлення до цього тощо. На письмі вони відділяються комами.

Я думаю, що Микола сьогодні не прийде.
Цікаво, коли повернеться команда Англії з футболу з чемпіонату світу.
Настала осінь. **Можливо**, птахи скоро відлетять на південь.

11 **Знайдіть у тексті речення зі вставними словами і конструкціями.**

위의 텍스트에서 삽입어구를 가진 문장을 찾으시오.

12 **Складіть 4 речення зі вставними словами і конструкціями.**

삽입어구를 이용하여 4개의 문장을 만드시오.

13 Напишіть коротку розповідь на тему: "Мій улюблений вид спорту" або "Найпопулярніший вид спорту в нашій країні".

다음의 주제로 짧은 글을 쓰시오.
"내가 가장 좋아하는 스포츠 종류" 혹은
"우리나라에서 가장 인기 있는 스포츠 종류"

실용 우크라이나어

Додаток
부록

Додаток 1
부록 1

Додаток 1. ІМЕННИК (Хто? Що?)
부록 1. 명사

1.1 Іменники чоловічого і жіночого роду у множині мають закінчення *-и, -і*:
남성, 여성 단수 명사를 복수형으로 변화시킬 때는 어미를 *-и, -і* 로 변화시킨다.

Він(남성 단수 명사) ☺	Вони(복수) ☺☺☺	Закінчення(어미)
брат	брат-**и**	**-ø – -и**
стіл	стол-**и**	
ніж	нож-**і**	**ж, ч, ш, щ, ь, -ар – -і**
лікар	лікар-**і**	
кінь	кон-**і**	
музей	музе-**ї**	**-й – -ї**
стілець	стільц-**і**	**-ець, -ень – -і**
день	дн-**і**	
Виняток!!!(예외) друг лікоть	 друзі лікті	

Вона(여성 단수 명사) ☺	Вони(복수) ☺☺☺	Закінчення(어미)
сестр-**а**	сестр-**и**	**-а – -и**
сумк-**а**	сумк-**и**	
миш-**а**	миш-**і**	**(ж, ч, ш, щ) + -а – -і**
вулиц-**я**	вулиц-**і**	**-я – -і**
бабус-**я**	бабус-**і**	
лаборатор-**ія**	лаборатор-**ії**	**-ія – -ії**
Виняток!!!(예외) дівчина дитина	 дівчата діти	

1.2 Іменники середнього роду у множині мають закінчення *-а, -я*:

중성 단수 명사를 복수형으로 변화시킬 때는 어미를 *-а, -я*로 변화시킨다.

Воно(중성 단수 명사) ☻	Вони(복수) ☺☺☺	Закінчення(어미)
міст-**о**	міст-**а**	**-о – -а**
мор-**е**	мор-**я**	**-е – -я**
питанн-**я**	питанн-**я**	**(нн) + -я – -я**
Виняток!!! (예외) око ім'я	 очі імена	

1.3 Відмінювання іменників чоловічого, жіночого і середнього родів в однині та множині.

남성, 여성, 중성 명사의 단수, 복수 격변화

***Чоловічий рід* (남성)**

Відмінок(격)	Однина(단수)			
Називний(주격)	брат	викладач	олівець	музей
Родовий(생격)	брат-**а**	викладач-**а**	олівц-**я**	музе-**ю**
Давальний(여격)	брат-**ові**/ **-у**	викладач-**еві**/ **-у**	олівц-**ю**	музе-**ю**
Знахідний(대격)	брат-**а**	викладач-**а**	олівець	музей
Орудний(조격)	брат-**ом**	викладач-**ем**	олівц-**ем**	музе-**єм**
Місцевий(전치격)	*(на)* брат-**ові**/ **-у**	*(на)* викладач-**еві**/ **-у**	*(в, на)* олівц-**і**	*(в, на)* музе-**ї**
Кличний(호격)	брат-**е**	викладач-**у**	олівець	музей

Відмінок(격)	Множина(복수)			
Називний(주격)	брат-**и**	викладач-**і**	олівц-**і**	музе-**ї**
Родовий(생격)	брат-**ів**	викладач-**ів**	олівц-**ів**	музе-**їв**
Давальний(여격)	брат-**ам**	викладач-**ам**	олівц-**ям**	музе-**ям**
Знахідний(대격)	брат-**ів**	викладач-**ів**	олівц-**і**	музе-**ї**
Орудний(조격)	брат-**ами**	викладач-**ами**	олівц-**ями**	музе-**ями**
Місцевий(전치격)	*(на)* брат-**ах**	*(на)* викладач-**ах**	*(в, на)* олівец-**ях**	*(в, на)* музе-**ях**
Кличний(호격)	брат-**и**	викладач-**і**	олівц-**і**	музе-**ї**

Жіночий рід (여성)

Відмінок(격)	Однина(단수)			
Називний(주격)	сестр-**а**	площ-**а**	бабус-**я**	аудиторі-**я**
Родовий(생격)	сестр-**и**	площ-**і**	бабус-**і**	аудиторі-**ї**
Давальний(여격)	сестр-**і**	площ-**і**	бабус-**і**	аудиторі-**ї**
Знахідний(대격)	сестр-**у**	площ-**у**	бабус-**ю**	аудиторі-**ю**
Орудний(조격)	сестр-**ою**	площ-**ею**	бабус-**ею**	аудиторі-**єю**
Місцевий(전치격)	*(на)* сестр-**і**	*(в, на)* площ-**і**	*(на)* бабус-**і**	*(в, на)* аудиторі-**ї**
Кличний(호격)	сестр-**о**	площ-**а**	бабус-**ю**	аудиторі-**я**

Відмінок(격)	Множина(복수)			
Називний(주격)	сестр-**и**	площ-**і**	бабус-**і**	аудиторі-**ї**
Родовий(생격)	сестер Ø	площ Ø	бабусь Ø	аудиторій Ø
Давальний(여격)	сестр-**ам**	площ-**ам**	бабус-**ям**	аудиторі-**ям**
Знахідний(대격)	сестер-Ø	площ-**і**	бабусь	аудиторі-**ї**
Орудний(조격)	сестр-**ами**	площ-**ами**	бабус-**ями**	аудиторі-**ями**
Місцевий(전치격)	*(на)* сестр-**ах**	*(в, на)* площ-**ах**	*(на)* бабус-**ях**	*(в, на)* аудиторі-**ях**
Кличний(호격)	сестр-**и**	площ-**і**	бабус-**і**	аудиторі-**ї**

Середній рід (중성)

Відмінок(격)	Однина(단수)			
Називний(주격)	міст-**о**	мор-**е**	питанн-**я**	курч-**а**
Родовий(생격)	міст-**а**	мор-**я**	питанн-**я**	курч-**ат-и**
Давальний(여격)	міст-**у**	мор-**ю**	питанн-**ю**	курч-**ат-і**
Знахідний(대격)	міст-**о**	мор-**е**	питанн-**я**	курч-**а**
Орудний(조격)	міст-**ом**	мор-**ем**	питанн-**ям**	курч-**ат-ам**
Місцевий(전치격)	*(в, на)* міст-**і**	*(в, на)* мор-**і**	*(в, на)* питанн-**і**	*(на)* курч-ат-**і**
Кличний(호격)	міст-**о**	мор-**е**	питанн-**я**	курч-**а**

Відмінок(격)	Множина(복수)			
Називний(주격)	міст-**а**	мор-**я**	питанн-**я**	курч-**ат-а**
Родовий(생격)	міст Ø	мор-**ів**	питань Ø	курч-**ат**
Давальний(여격)	міст-**ам**	мор-**ям**	питанн-**ям**	курч-**ат-ам**
Знахідний(대격)	міст-**а**	мор-**я**	питанн-**я**	курч-**ат**
Орудний(조격)	міст-**ами**	мор-**ями**	питанн-**ями**	курч-**ат-ами**
Місцевий(전치격)	*(в, на)* міст-**ах**	*(в, на)* мор-**ях**	*(в, на)* питанн-**ях**	*(на)* курч-ат-**ах**
Кличний(호격)	міст-**а**	мор-**я**	питанн-**я**	курч-**ат-а**

1.4 Відмінювання іменників, які вживаються лише у множині

복수로만 사용되는 명사의 격변화

Відмінок(격)		**Множина(복수)**	
Називний(주격)	штан-**и**	двер-**і**	грош-**і**
Родовий(생격)	штан-**ів**	двер-**ей**	грош-**ей**
Давальний(여격)	штан-**ам**, штан-**ям**	двер-**ям**	грош-**ам**
Знахідний(대격)	штан-**и**	двер-**і**	грош-**і**
Орудний(조격)	штан-**ами**, штан-**ями**	двер-**има**, двер-**има**	грош-**има**, гріш-**ми**
Місцевий(전치격)	*(на)* штан-**ах**, штан-**ях**	*(на)* двер-**ях**	*(на)* грош-**ах**
Кличний(호격)	штан-**и**	двер-**і**	грош-**і**

1.5 Іменники, які не змінюються :

격변화를 하지 않는 명사

метро, фото, таксі, кіно, піаніно, фортепіано, ківі, кафе.

Додаток 2
부록 2

Додаток 2. ПРИКМЕТНИК (Який? Яка? Яке? Які?)
부록 2. 형용사

2.1 Відмінювання прикметників чоловічого, жіночого і середнього родів в однині та множині.
남성, 여성, 중성 형용사의 단수, 복수 격변화

Чоловічий рід (남성)

Відмінок(격)	Однина(단수)			
Називний(주격)	добр-**ий**	син-**ій**	білолиц-**ий**	братів
Родовий(생격)	добр-**ого**	син-**ього**	білолиц-**ього**	братов-**ого**
Давальний(여격)	добр-**ому**	син-**ьому**	білолиц-**ьому**	братов-**ому**
Знахідний(대격)	добр-**ий** 또는 добр-**ого**	син-**ій** 또는 син-**ього**	білолиц-**ий** 또는 білолиц-**ього**	братів 또는 братов-**ого**
Орудний(조격)	добр-**им**	син-**ім**	білолиц-**им**	братов-**им**
Місцевий(전치격)	…добр-**ому (-ім)**	…син-**ьому** (-**ім**)	…білолиц-**ьому** (-**ім**)	…братов-**ому** (-**ім**)

Жіночий рід (여성)

Відмінок(격)	Однина(단수)			
Називний(주격)	добр-**а**	син-**я**	білолиц-**я**	братов-**а**
Родовий(생격)	добр-**ої**	син-**ьої**	білолиц-**ьої**	братов-**ої**
Давальний(여격)	добр-**ій**	син-**ій**	білолиц-**ій**	братов-**ій**
Знахідний(대격)	добр-**у**	син-**ю**	білолиц-**ю**	братов-**у**
Орудний(조격)	добр-**ою**	син-**ьою**	білолиц-**ьою**	братов-**ою**
Місцевий(전치격)	…добр-**ій**	…син-**ій**	…білолиц-**ій**	…братов-**ій**

***Середній рід* (중성)**

Відмінок(격)		**Однина(단수)**		
Називний(주격)	добр-**е**	син-**є**	білолиц-**е**	братов-**е**
Родовий(생격)	добр-**ого**	син-**ього**	білолиц-**ього**	братов-**ого**
Давальний(여격)	добр-**ому**	син-**ьому**	білолиц-**ьому**	братов-**ому**
Знахідний(대격)	добр-**е**	син-**є**	білолиц-**е**	братов-**е**
Орудний(조격)	добр-**им**	син-**ім**	білолиц-**им**	братов-**им**
Місцевий(전치격)	…добр-**ому (-ім)**	…син-**ьому** (-**ім**)	…білолиц-**ьому** (-**ім**)	…братов-**ому** (-**ім**)

Відмінок(격)		**Множина(복수)**		
Називний(주격)	добр-**і**	син-**і**	білолиц-**і**	братов-**і**
Родовий(생격)	добр-**их**	син-**іх**	білолиц-**их**	братов-**их**
Давальний(여격)	добр-**им**	син-**ім**	білолиц-**им**	братов-**им**
Знахідний(대격)	добр-**і** 또는 добр-**их**	син-**і** 또는 син-**іх**	білолиц-**і** 또는 білолиц-**их**	братов-**і** 또는 братов-**их**
Орудний(조격)	добр-**ими**	син-**іми**	білолиц-**ими**	братов-**ими**
Місцевий(전치격)	…добр-**их**	…син-**іх**	…білолиц-**их**	…братов-**их**

2.2 Ступені порівняння прикметників

형용사의 비교급, 최상급

Початкова форма (원형)	**Вищий ступінь порівняння (비교급)**	**Найвищий ступінь порівняння(최상급)**
дешевий	дешев-**ш**-ий	**най**-дешевший
молодий	молод-**ш**-ий	**най**-молодший
старий	стар-**іш**-ий	**най**-старіший
цікавий	цікав-**іш**-ий	**най**-цікавіший

Виняток!(예외)

добрий	кращий	найкращий
великий	більший	найбільший
малий	менший	найменший
поганий	гірший	найгірший

Додаток 3
부록 3

Додаток 3. ЗАЙМЕННИК (Хто? Що? Чий? Чия? Чиє? Чиї?)
부록 3. 대명사

3.1 Особові займенники (Хто?)
인칭대명사

Особа(인칭)	Однина(단수)	Множина(복수)
1	я	ми
2	ти	ви
3	він, вона, воно	вони

Відмінювання особових займенників (인칭대명사 격변화)

Відмінок(격)	Однина(단수)				Множина(복수)		
Називний (주격)	я	ти	він/ воно	вона	ми	ви	вони
Родовий (생격)	мене	тебе	його (у нього)	її (у неї)	нас	вас	їх (у них)
Давальний (여격)	мені	тобі	йому	їй	нам	вам	їм
Знахідний (대격)	мене	тебе	його	її	нас	вас	їх
Орудний (조격)	мною	тобою	ним	нею	нами	вами	ними
Місцевий (전치격)	*(на)* мені	*(на)* тобі	*(на)* ньому	*(на)* ній	*(на)* нас	*(на)* вас	*(на)* них

3.2 Присвійні займенники (Чий? Чия? Чиє? Чиї?)

소유대명사

	Однина(단수)			Множина(복수)
	чол. рід(남성)	жін. рід(여성)	сер. рід(중성)	
я	мій	моя	моє	мої
ти	твій	твоя	твоє	твої
він, вона, воно	його, її, його			
ми	наш	наша	наше	наші
ви	ваш	ваша	ваше	ваші
вони	їхній	їхня	їхнє	їхнє

Відмінювання присвійних займенників(소유대명사 격변화)

Відмінок(격)	Однина(단수)					
	чол.рід (남성)	жін.рід (여성)	сер.рід (중성)	чол.рід (남성)	жін.рід (여성)	сер.рід (중성)
Називний (주격)	мій	моя	моє	твій	твоя	твоє
Родовий (생격)	мого	моєї	мого	твого	твоєї	твого
Давальний (여격)	моєму	моїй	моєму	твоєму	твоїй	твоєму
Знахідний (대격)	мій/ мого	мою	моє	твій/ твого	твою	твій/ твого
Орудний (조격)	моїм	моєю	моїм	твоїм	твоєю	твоїм
Місцевий (전치격)	…моєму	…моїй	…моєму	…твоєму	…твоїй	…твоєму
Називний (주격)	наш/ ваш	наша/ ваша	наше/ ваше	їхній	їхня	їхнє
Родовий (생격)	нашого/ вашого	нашої/ вашої	нашого/ вашого	їхнього	їхньої	їхнього
Давальний (여격)	нашому/ вашому	нашій/ вашій	нашому/ вашому	їхньому	їхній	їхньому
Знахідний (대격)	наш (нашого)/ ваш (вашого)	нашу/ вашу	наш (нашого)/ ваш (вашого)	їхній/ їхнього	їхню	їхній/ їхнього
Орудний (조격)	нашим/ вашим	нашою/ вашою	нашим/ вашим	їхнім	їхньою	їхнім
Місцевий (전치격)	нашому/ вашому	нашій/ вашій	нашому/ вашому	їхньому	їхній	їхньому

Займенники ЙОГО, ЇЇ не змінюються. (대명사 ЙОГО, ЇЇ는 변화하지 않는다.)

Відмінок(격)	Множина(복수)				
Називний(주격)	мої	твої	наші	ваші	їхні
Родовий(생격)	моїх	твоїх	наших	ваших	їхніх
Давальний(여격)	моїм	твоїм	нашим	вашим	їхнім
Знахідний(대격)	мої/ моїх	твої/ твоїх	наші/наших	ваші/ваших	їхні/ їхніх
Орудний(조격)	моїми	твоїми	нашими	вашими	їхніми
Місцевий(전치격)	…моїх	…твоїх	…наших	…ваших	…їхніх

3.3 Питально-відносні займенники

의문사 격변화

	Називний (주격)	Родовий (생격)	Давальний (여격)	Знахідний (대격)	Орудний (조격)	Місцевий (전치격)
хто	хто	кого	кому	кого	ким	…кому
що	що	чого	чому	що	чим	…чому

3.4 Вказівні займенники

지시대명사

Відмінок(격)	Однина(단수)			Множина(복수)
	чол. рід(남성)	**жін. рід**(여성)	**сер. рід**(중성)	
Називний(주격)	цей	ця	це	ці
Родовий(생격)	цього	цієї	цього	цих
Давальний(여격)	цьому	цій	цьому	цим
Знахідний(대격)	цей/цього	цю	це	ці/цих
Орудний(조격)	цим	цією	цим	цими
Місцевий(전치격)	… цьому/цім	… цій	… цьому/цім	… цих

Відмінок(격)	Однина(단수)			Множина(복수)
	чол. рід(남성)	**жін. рід**(여성)	**сер. рід**(중성)	
Називний(주격)	той	та	те	ті
Родовий(생격)	того	тієї	того	тих
Давальний(여격)	тому	тій	тому	тим
Знахідний(대격)	той/того	ту	те	ті/тих
Орудний(조격)	тим	тією	тим	тими
Місцевий(전치격)	… тому/тім	… тій	… тому/тім	… тих

Відмінок(격)	Однина(단수)			Множина(복수)
	чол. рід(남성)	жін. рід(여성)	сер. рід(중성)	
Називний(주격)	чий	чия	чиє	чиї
Родовий(생격)	чийого	чиєї	чийого	чиїх
Давальний(여격)	чийому/чиєму	чиїй	чийому	чиїм
Знахідний(대격)	чий/чийого	чию	чиє	чиї/чиїх
Орудний(조격)	чиїм	чиєю	чиїм	чиїми
Місцевий(전치격)	… чийому	… чиїй	… чийому	… чиїх

Відмінок(격)	Однина(단수)			Множина(복수)
	чол. рід(남성)	жін. рід(여성)	сер. рід(중성)	
Називний(주격)	весь (увесь, ввесь)	вся (уся)	все (усе)	всі (усі)
Родовий(생격)	всього	всієї	всього	всіх
Давальний(여격)	всьому	всій	всьому	всім
Знахідний(대격)	весь/всього	всю	все/усе	всі/всіх
Орудний(조격)	всім	всією	всім	всіма
Місцевий(전치격)	… всьому/всім	… всій	… всьому/всім	… всіх

Додаток 4
부록 4

Додаток 4. ЧИСЛІВНИК (Скільки? Котрий? Котра? Котре? Котрі?)
부록 4. 수사

Числівники поділяються на кількісні, порядкові та дробові.

수사는 개수사, 순서수사, 분수사로 나뉜다.

4.1 Відмінювання кількісних числівників.
개수사의 격변화

Відмінок(격)	Однина(단수)		Множина(복수)
	чол. рід і сер. рід(남성, 중성)	*жін. рід*(여성)	
Називний(주격)	один, одне (одно)	одна	одні
Родовий(생격)	одного	однієї (одної)	одних
Давальний(여격)	одному	одній	одним
Знахідний(대격)	один (одного), одне (одно)	одну	одні (одних)
Орудний(조격)	одним	однією (одною)	одними
Місцевий(전치격)	…одному (однім)	…одній	…одних

Відмінок(격)				
Називний(주격)	два	дві	три	чотири
Родовий(생격)	двох		трьох	чотирьох
Давальний(여격)	двом		трьом	чотирьом
Знахідний(대격)	два (дві) / двох		три (трьох)	чотири (чотирьох)
Орудний(조격)	двома		трьома	чотирма
Місцевий(전치격)	…двох		…трьох	…чотирьох

Відмінок(격)				
Називний(주격)	п'ять	шість	сім	вісім
Родовий(생격)	п'яти, п'ятьох	шести, шістьох	семи, сімох	восьми, вісьмох
Давальний(여격)	п'яти, п'ятьом	шести, шістьом	семи, сімом	восьми, вісьмом
Знахідний(대격)	п'ять (п'ятьох)	шість (шістьох)	сім (сімох)	вісім (вісьмох)
Орудний(조격)	п'ятьма, п'ятьома	шістьма, шістьома	сьома, сімома	вісьма, вісьмома
Місцевий(전치격)	…п'яти, п'ятьох	…шести шість	…семи, сімох	…восьми, вісьмох

Відмінок(격)	
Називний(주격)	п'ятдесят
Родовий(생격)	п'ятдесяти, п'ятдесятьох
Давальний(여격)	п'ятдесяти, п'ятдесятьом
Знахідний(대격)	п'ятдесят (п'ятдесятьох)
Орудний(조격)	п'ятдесятьма, п'ятдесятьома
Місцевий(전치격)	…п'ятдесяти, п'ятдесятьох

Відмінок(격)			
Називний(주격)	сорок	дев'яносто	сто
Родовий(생격)	сорока	дев'яноста	ста
Давальний(여격)	сорока	дев'яноста	ста
Знахідний(대격)	сорок	дев'яносто	сто
Орудний(조격)	сорока	дев'яноста	ста
Місцевий(전치격)	… сорока	…дев'яноста	…ста

Відмінок(격)		
Називний(주격)	двісті	п'ятсот
Родовий(생격)	двохсот	п'ятисот
Давальний(여격)	двомстам	п'ятистам
Знахідний(대격)	двісті	п'ятсот
Орудний(조격)	двомастами	п'ятьмастами, п'ятьомастами
Місцевий(전치격)	…двохсот	… п'ятистах

4.2 Відмінювання порядкових числівників (як прикметники).

순서수사의 격변화 – 형용사와 동일

Відмінок(격)	Однина(단수)			Множина(복수)
	чол. рід і сер. рід(남성, 중성)		*жін. рід*(여성)	
Називний(주격)	перш-**ий**	перш-**е**	перш-**а**	перш-**і**
Родовий(생격)	перш-**ого**		перш-**ої**	перш-**их**
Давальний(여격)	перш-**ому**		перш-**ій**	перш-**им**
Знахідний(대격)	перш-**ий** (перш-**ого**)		перш-**у**	перш-**і** (перш-**их**)
Орудний(조격)	перш-**им**		перш-**ою**	перш-**ими**
Місцевий(전치격)	…перш-**ому**		…перш-**ій**	…перш-**их**

4.3 Дробові числівники :

분수사

½ - одна друга, ¼ - одна четверта, ¾ - три четверті.
Відмінюються вони як звичайні числівники.

격변화는 일반적인 수사와 동일하다.

4.4 Числівники *тисяча, мільйон, мільярд* відмінюються як іменники.

수사 *тисяча, мільйон, мільярд*는 명사와 동일하게 격변화한다.

Додаток 5
부록 5

Додаток 5. ПРИСЛІВНИК (Як? Коли? Де? Чому? На скільки часу?)
부록 5. 부사

5.1 Прислівники поділяються на такі типи:
부사의 종류별 구분

Типи прислівників (부사 종류)	Питання(의문사)	Приклад(예시)
Способу дії 방식의 부사	Як? Яким способом?	*добре, погано, весело, сумно, тихо, швидко, повільно, по-українськи*
Міри і ступеня 수량 및 정도의 부사	Як багато? Скільки? Наскільки?	*багато, мало, трохи, зовсім*
Місця 장소, 방향 표시 부사	Де? Куди? Звідки?	*тут, там, праворуч, ліворуч, далеко, вгору, вниз*
Часу 시간의 부사	Коли? Відколи? Доки? Як довго?	*сьогодні, завтра, вчора, вранці, увечері, щодня*
Причини 원인의 부사	Чому? З якої причини? Через що?	*мимоволі, згарячу, спросоння, зозла*
Мети 목적의 부사	З якою метою? Навіщо? Для чого?	*навмисне, наперекір, жартома, на зло*

5.2 Ступені порівняння прислівників

부사의 비교급, 최상급

Початкова форма (원형)	Вищий ступінь порівняння(비교급)	Найвищий ступінь порівняння(최상급)
дешево	дешев-**ш-е**	**най**-дешевше
весело	весел-**іш-е**	**най**-веселіше
приємно	приємн-**іш-е**	**най**-приємніше
цікаво	цікав-**іш-е**	**най**-цікавіше

Виняток!(예외)

добре	краще	найкраще
багато	більше	найбільше
мало	менше	найменше
погано	гірше	найгірше

Додаток 6
부록 6

Додаток 6. ДІЄСЛОВО (Що робити? Що зробити?)
부록 6. 동사

■ **Три способи дієслова**
3가지 동사의 법

- ***дійсний*** 직설법 : *читаю, читав*
- ***умовний*** 가정법 : *прочитав би, ходив би*
- ***наказовий*** 명령법 : *читай, читайте, читаймо*

■ **Дієслова бувають недоконаного і доконаного виду.**
거의 모든 동사는 불완료상이나 완료상으로 나뉘어진다.
читати – прочитати, допомагати – допомогти, брати – взяти.

■ **Дієслова дійсного способу змінюються за часами (теперішній, минулий і майбутній).**
직설법에서는 현재·과거·미래시제에 따라 동사가 변화한다.

■ **Теперішній час мають лише дієслова недоконаного виду. Зміна дієслів у теперішньому часі – це** *дієвідмінювання.*
오직 불완료상 동사만이 현재시제를 갖는다. 현재시제는 주격의 인칭과 성·수에 따라 변화한다.

6.1 I Дієвідміна

1식 동사 변화

Особа(인칭)	Однина(단수)		Множина(복수)	
1	я	-у/-ю	ми	-емо/-ємо
2	ти	-еш/-єш	ви	-ете/-єте
3	він вона воно	-е/-є	вони	-уть/-ють

6.2 II Дієвідміна

2식 동사 변화

Особа(인칭)	Однина(단수)		Множина(복수)	
1	я	-у/-ю	ми	-имо/-їмо
2	ти	-иш/-їш	ви	-ите/-їте
3	він вона воно	-ить/-їть	вони	-ять/-ать

6.3 Дієслово I дієвідміни недоконаного виду в теперішньому, минулому і майбутньому часа

1식 불완료상 동사 현재, 과거, 미래형 변화

	теперішній час(현재형)	*минулий час*(과거형)	*майбутній час*(미래형)	
я	чита-**ю**	чита-**в** чита-**ла** чита-**ло**	буд-**у** читати	читати-**му**
ти	чита-**єш**		буд-**еш** читати	читати-**меш**
він	чита-**є**		буд-**е** читати	читати-**ме**
вона				
воно				
ми	чита-**ємо**	чита-**ли**	буд-**емо** читати	читати-**мемо**
ви	чита-**єте**		буд-**ете** читати	читати-**мете**
вони	чита-**ють**		буд-**уть** читати	читати-**муть**

6.4 Дієслово I дієвідміни доконаного виду в минулому і майбутньому часах

1식 완료상 동사 과거, 미래형 변화

	теперішній час(현재형)	*минулий час*(과거형)	*майбутній час*(미래형)
я		прочита-**в** прочита-**ла** прочита-**ло**	прочита-**ю**
ти			прочита-**єш**
він			прочита-**є**
вона			
воно			
ми		прочита-**ли**	прочита-**ємо**
ви			прочита-**єте**
вони			прочита-**ють**

6.5 Дієслово II дієвідміни недоконаного виду в теперішньому, минулому і майбутньому часах

2식 불완료상 동사 현재, 과거, 미래형 변화

	теперішній час(현재형)	*минулий час*(과거형)	*майбутній час*(미래형)	
я	бач-**у**	бачи-**в** бачи-**ла** бачи-**ло**	буд-**у** бачити	бачити-**му**
ти	бач-**иш**		буд-**еш** бачити	бачити-**меш**
він	бач-**ить**		буд-**е** бачити	бачити-**ме**
вона				
воно				
ми	бач-**имо**	бачи-**ли**	буд-**емо** бачити	бачити-**мемо**
ви	бач-**ите**		буд-**ете** бачити	бачити-**мете**
вони	бач-**ать**		буд-**уть** бачити	бачити-**муть**

6.6 Дієслово II дієвідміни доконаного виду в минулому і майбутньому часах

2식 완료상 동사 과거, 미래형 변화

	теперішній час(현재형)	*минулий час*(과거형)	*майбутній час*(미래형)
я		побачи-**в** побачи-**ла** побачи-**ло**	побач-**у**
ти			побач-**иш**
він			побач-**ить**
вона			
воно			
ми		побачи-**ли**	побач-**имо**
ви			побач-**ите**
вони			побач-**ать**

6.7 Наказовий спосіб дієслова

명령법

	читати	писати
ти	чита-**й**!	пиш-**и**!
ви	чита-**йте**!	пиш-**іть**!
ми	чита-**ймо**!	пиш-**імо**!

6.8 Умовний спосіб дієслова

가정법

	читати	**прочитати**	**писати**	**написати**
я ти він вона воно	чита-**в би** чита-**ла б** чита-**ло б**	прочита-**в би** прочита-**ла б** прочита-**ло б**	писа-**в би** писа-**ла б** писа-**ло б**	написа-**в би** написа-**ла б** написа-**ло б**
ми ви вони	чита-**ли б**	прочита-**ли б**	писа-**ли б**	написа-**ли б**

Додаток 7
부록 7

Додаток 7. СЛОВНИК
부록 7. 어휘

Як користуватися словником
일러두기

* **Словник побудовано за алфавітним принципом.**
사전은 알파벳 순으로 구성하였다.

* **Наголос в українських слова позначається курсивом, наприклад, арифм*е*тика.**
우크라이나어 단어 내 강세 표시는 이탤릭체로 표시하였다. 예) арифм*е*тика 에서 *е* 에 강세 있음.

* **Іменники подаються у Називному відмінку однини або множини, а через кому пишеться закінчення Родового відмінка однини або множини, наприклад, арифм*е*тика, *-и*.**
명사는 주격 단수 또는 복수로 표시했으며, 명사 다음에는 생격 어미를 표시하였다. 예) арифм*е*тика, *-и* 에서 *-и* 는 생격 어미.

* **Прикметники подано у Називному відмінку чоловічого роду однини, а також закінчення жіночого, середнього родів і форми множини, наприклад, багатозн*а*чний, *-а, -е, -і*.**
형용사는 주격 남성 단수형을 기본형으로 표시하였고 이후 여성, 중성, 복수 어미를 표시하였다.
예) баг*а*тозначний, *-а, -е, -і*.

* **Дієслова наводяться в формі недоконаного виду, після якої вказано форму доконаного, а також закінчення 1-ої та 2-ої особи однини теперішнього часу для недоконаного виду та майбутнього часу для доконаного виду, та керування дієслів (питання), наприклад,**
арешт*о*вувати, *-ую, -уєш*
арештув*а*ти, *-ую, -ую* *кого? за що?*
동사는 불완료상/완료상의 순서로 표시하였다. 동사 뒤에는 1인칭 단수, 2인칭 단수 동사 변화가 나와있으며, 불완료상 동사는 현재시제 동사 변화, 완료상 동사는 미래시제 동사 변화를 표시하였다. 또한 동사의 격 지배를 표시하였다.
예) арешт*о*вувати, *-ую, -уєш*
арештув*а*ти, *-ую, -ую* *кого? за що?*

* **Синонімічні варіанти перекладу корейською мовою подаються через кому.**
한국어 번역 중 의미가 유사한 단어들은 반점으로 표시하였다.

А

арештовувати, *-ую, -уєш*	*кого? за що?*	체포하다, 감금하다
арештувати, *-ую, -уєш*		
арифметика, *-и*		산수, 산술
атмосфера, *-и*		대기, 기압

Б

багатозначний, *-а, -е, -і*		많은 뜻이 있는
байдужий, *-а, -е, -і*		무관심한, 개의치 않은
бар'єр, *-у*		장벽, 장애물
безробіття, *-я*		실업
безсмертний, *-а, -е, -і*		불멸의, 불사의
берег, *-а*		해안
біженець, *-нця*		난민, 망명자
більшою мірою		대단히, 대부분이
бойовий, *-а, -е, -і*		군인다운
борець, *-рця*		전사
боротися, *борюся, борешся*	*за кого (що)? проти кого (чого)?*	싸우다
поборотися, *-борюся, -борешся*		
боротьба, *-и*		투쟁, 분투, 싸움
боятися, *боюся, боїшся*	*кого? чого? за кого? за що?*	두려워하다
побоятися, *-оюся, -оїшся*		
брати, *беру, береш (участь)*	*що? де?*	참석하다
взяти, *візьму, візьмеш*		

В

вбивати, *-аю, -аєш*	*кого? що? за що? чим?*	죽이다
вбити, *вб'ю, вб'єш*		
вважати, *-аю, -аєш*	*кого? що?*	여기다, 생각하다
ведення, *-я*		수행, 시행

взаємодія, *-ії*		협력, 협조
взаємопов'язаний, *-а, -е, -і*		서로 연결된
вибори, *-ів*		선거
виглядати, *-аю, -аєш*	*кого? що? звідки?*	살펴보다, 내다보다
виглянути, *-ну, -неш*		
вид, *-у*		1. 종류 2. 외형
виділяти, *-яю, -яєш*	*кого? що? як?*	나누다, 할당하다
виділити, *-лю, -лиш*		
визначати, *-аю, -аєш*	*що? де? як?*	정하다, 결정하다
визначити, *-чу, -чиш*		
виїжджати, *-аю, -аєш*	*куди? звідки?*	떠나다, 나가버리다
виїхати, *-їду, -їдеш*		
вимагати, *-аю, -аєш*	*чого? від кого?*	요구하다
вимогти, *-жу, жеш*		
вимирання, *-я*		소멸, 멸종
вимирати, *-аю, -аєш*	*як? коли?*	멸망하다, 쇠퇴 하다
вимерти, *вимру, -мреш*		
вимушений, *-а, -е, -і*		강요된
виникати, *-аю, -аєш*	*чому? внаслідок чого?*	일어나다, 생기다
виникнути, *-ну, -неш*		
винятковий, *-а, -е, -і*		예외적인, 이례적인
виняток, *-тку*		예외
випробування, *-я*		시도
вирішувати, *-ую, -уєш*	*що? як?*	해결하다
вирішити, *-шу, -шиш*		
виховання, *-я*		교육
відбиватися, *-аюся, -аєшся*	*у чому? у кому?*	반영되다, 표현되다
відбитися, *відіб'юся, відіб'єшся*		
відбирати, *-аю, -аєш*	*що? кого? у кого?*	빼앗다, 탈취하다
відібрати, *відберу, -береш*		

відбуватися, *-аюся, -аєшся* відбутися, *-будуся, -будеться*	*де? як?*	발생하다, 일어나다
відігравати, *-раю, -раєш* відіграти, *-аю, -аєш*	*що? де?*	역할을 하다
відкривати, *-аю, -аєш* відкрити, *-ию, -иєш*	*що? як? де?*	발견하다, 열다
відмінність, *-ності*		차이, 다른점
відновлювати, *-юю, -юєш* відновити, *-влю, -виш*	*що? як?*	복원하다, 회복시키다
відокремлення, *-я*		분리, 이별, 구분
відповідальність, *-ності*		책임감
відправляти, *-яю, -яєш* відправити, *-влю, -виш*	*кого? що? куди? звідки?*	보내다
відстань, *-і*		거리, 먼 곳, 간격
відсутність, *-ності*		부재, 없음, 결석, 공백
відтоді		그때부터
відходити, *-джу, -диш* відійти, *-йду, -йдеш*	*звідки? куди?*	물러서다, 비키다
відчувати, *-аю, -аєш* відчути, *-ую, -уєш*	*що? де?*	느끼다
військовополонений, *-ого*		전쟁포로
вік, *-у*		나이
вітання, *-я*		인사, 인사말
влада, *-и*		권력, 힘
властивий, *-а, -е, -і*		고유의, 타고난
вмиватися, *-аюся, -аєшся* вмитися, *-июся, -иєшся*	*чим? як?*	세수하다
вовк, *-а*		늑대
вовчиця, *-і*		늑대 암컷
вологість, *-гості*		습도, 습기

володіти, *-ію, -ієш*	*ким? чим?*	잘 알다, 숙지하다, 가지고 있다
заволодіти, *-ію, -ієш*		
в основному		주로
вплив, *-у*		영향
втрачати, *-аю, -аєш*	*кого? що?*	잃다, 상실하다
втратити, *-чу, тиш*		
вугілля, *-я*		석탄
вчинок, *-нку*		행동

Г

гарантія, *-ії*		보장, 보증
генерація, *-ії*		세대, 시대
гідність, *-ності*		존엄, 품위, 위엄
глибокий, *-а, -е, -і*		깊은
гноблений, *-а, -е, -і*		압제적인, 가혹한
головно		주로
господарство, *-а*		집안살림, 가사, 업무
гострий, *-а, -е, -і*		날카로운, 뾰족한
гребінець, *-нця*		빗
губитися, *гублюся, губишся*	*як? через що? = чому?*	당황해하다
розгубитися, *-гублюся, -губишся*		

Ґ

ґрунт, *-у*		흙, 토양, 땅

Д

дзвіночок, *-чка*		종, 벨, 신호
дзеркало, *-а*		거울
директорат, *-у*		이사, 이사회
дискримінувати, *-ую, -уєш*	*кого? що? за що?*	차별하다, 구별하다

ділити, *ділю, ділиш*	*кого? що? на що?*	나누다, 분할하다
розділити, *-ділю, -ділиш*		
діяти, *дію, дієш*	*як? коли?*	작용하다, 행동하다
добриво, *-а*		비료
добровільний, *-а, -е, -і*		자발적인
догляд, *-у*		보살핌, 돌봄, 관리
дозволяти, *-яю, -яєш*	*кому? + інфінітив*	허락하다
дозволити, *-лю, -лиш*		
докорінний, *-а, -е, -і*		급진적인
домагатися, *-аюся, -аєшся*	*кого? чого? від кого? від чого?*	얻다, 도달하다, 이루다
домогтися, *-ожуся, -ожешся*		
доречний, *-а, -е, -і*		적절한, 시의에 맞는
дорослий, *-а, -е, -і*		어른의, 성체의
достоїнство, *-а*		존엄, 품위, 위엄
дотримуватися, *-уюся, -уєшся*	*чого? як?*	준수하다, 지키다
дотриматися, *-аюся, -аєшся*		
дрібний, *-а, -е, -і*		작은, 자잘한, 사소한
духовний, *-а, -е, -і*		정신의, 영혼의

Е

економити, *-млю, -миш*	*що? на чому?*	절약하다
зекономити, *-млю, -миш*		
експедиція, *-ії*		탐험, 원정
енергетичний, *-а, -е, -і*		에너지의

Є

єдиний, *-а, -е, -і*		하나의, 유일한

З

забруднення, *-я*		공해, 오염

забувати*ся*, *-аюся, -аєшся*	*як?*	잊다
забути*ся*, *-удуся, -удешся*		
заєць, *зайця*		산토끼
зазнавати, *-аю, -аєш*	*чого? від кого? від чого?*	느끼다, 감지하다
зазнати, *-аю, -аєш*		
зазначати, *-аю, -аєш*	*що? як?*	가리키다, 짚고 넘어가다
зазначити, *-чу, -чиш*		
займати, *-аю, -аєш*	*що?*	점유하다, 영유하다
зайняти, *займу, займеш*		
займатися, *-аюся, -аєшся*	*ким? чим? де?*	일하다, 종사하다
зайнятися, *-ймуся, -ймешся*		
залишати, *-аю, -аєш*	*кого? що? на кого? кому? з ким? де?*	남기다
залишити, *-шу, -шиш*		
залізний, *-а, -е, -і*		철의
залучати, *-аю, -аєш*	*кого? що? до чого?*	협력하다, 참가하다
залучити, *-чу, -чиш*		
заповідник, *-а*		보호지역
заповіт, *-у*		유서, 유언
запозичати, *-аю, -аєш*	*кого? що? звідки?*	채택하다, 차용하다
запозичити, *-чу, -чиш*		
заслання, *-я*		추방, 망명
затягуватися, *-уюся, -уєшся*	*як?*	지연되다, 지체되다
затягнутися, *-нуся, -нешся*		
захист, *-у*		방어, 보호
зачаровувати, *-ую, -уєш*	*кого? що? чим?*	매혹하다, 마음을 사로 잡다
зачарувати, *-ую, -уєш*		
збиратися, *-аюся, -аєшся*	*де? що робити?*	모이다
зібратися, *зберуся, зберешся*		
збірник, *-а*		책, 문집
звертатися, *-аюся, -аєшся*	*до кого? як?*	~한테 말하다, 호소하다
звернутися, *-нуся, -нешся*		

звучати, -чу, -чиш	як? де?	소리나다, 울리다
прозвучати, -чу, -чиш		
зв'язок, -зку		연결, 관련, 관계
зграя, -ї		무리
здебільшого		주로
здобуток, -тку		업적, 성취
землевласник, -а		토지소유자, 지주
з'єднаний, -а, -е, -і		연결된, 결합된
з'єднувати, -ую, -уєш	що? кого? з ким? з чим?	연결하다, 연합하다
з'єднати, -аю, -аєш		
зменшення, -я		감소, 축소
зменшуватися, -уюся, -уєшся	де? як?	줄다, 감소하다
зменшитися, -шуся, -шишся		
змінюватися, -ююся, -юєшся	де? як?	변하다, 변화하다, 달라지다
змінитися, -нюся, -нишся		
змога, -и		기회
знаходитися, -джуся, -дишся	де?	~에 위치하다
зникати, -аю, -аєш	як? звідки?	사라지다, 소멸되다
зникнути, -ну, -неш		
знищувати, -ую, -уєш	кого? що?	없애다, 소탕하다
знищити, -щу, -щиш		
зокрема		(특별히), 별도로, 각자, 따로
золотий, -а, -е, -і		금의
зрадник, -а		반역자, 배신자
зубр, -а		바이손
зумовлений, -а, -е, -і		(~에 의해) 정해진, 기인한
зупинятися, -яюся, -яєшся	де? біля кого? біля чого? перед ким? перед чим?	
зупинитися, -нюся, -нишся		멈추다, 서다

І

інвестиційний, *-а, -е, -і*		투자의

Й

йтися (ітися), *ідеться*	*про кого? про що? де?*	~에 관한 이야기이다

К

карати, *-аю, -аєш*	*кого? за що? як?*	처벌하다, 처형하다
покарати, *-аю, -аєш*		
кат, *-а*		독재자, 폭군
кашляти, *-яю, -яєш*	*як?*	기침하다
кашлянути, *-ну, -неш*		
кількість, *-кості*		수
колапс, *-у*		붕괴
команда, *-и*		팀
комплексний, *-а, -е, -і*		복잡한, 복합의
комплімент, *-у*		칭찬
контора, *-и*		사무소
конюх, *-а*		마부
копалина, *-и*		광물
край, *-ю*		지역, 지방, 국토, 땅, 가장자리
кріпак, *-а*		농노
кріпацький, *-а, -е, -і*		농노의
курортний, *-а, -е, -і*		리조트의

Л

ланцюжок, *-жка*		사슬, 연쇄
лапа, *-и*		(동물의) 발, 손
людство, *-а*		인류, 인간성

М

маршрут, -у		길, 방법
масовий, -а, -е, -і		대규모의, 대량의
межа, -і		국경, 경계
мертвий, -а, -е, -і		죽은
метеорологія, -ії		기상학
мисливець, -вця		사냥꾼
місцевість, -вості		지역, 지구, 행정구
мовчати, -чу, -чиш	*де? чому? як довго?*	침묵하다
помовчати, -чу, -чиш		
могутній, -я, -є, -і		강력한
молитися, молюся, молишся	*кому? за кого? за що?*	기도하다
помолитися, -молюся, -молишся		
мореплавець, -вця		선원, 뱃사람

Н

навіювання, -я		암시, 시사
навколишній, -я, -є, -і		주위의
наказувати, -ую, -уєш	*кому? що робити?*	명령하다
наказати, -кажу, -кажеш		
належний, -а, -е, -і		적절한, 마땅한
нащадок, -дка		후손
невід'ємний, -а, -е, -і		양도할 수 없는, 뺏을 수 없는
незалежність, -ності		독립, 자립, 자주
ненавидіти, -джу, -диш	*кого? що? за що?*	증오하다
неораний, -а, -е, -і		개간되지 않은
неписьменний, -а, -е, -і		문맹의
непривітний, -а, -е, -і		비우호적인
несподіваний, -а, -е, -і		예기치 않은
нововведення, -я		새 제도, 새 법칙, 혁신
нюх, -у		후각

О

обдурений, *-а, -е, -і*		속임수에 넘어간, 배반당한
обмежений, *-а, -е, -і*		한정된, 제한된
оглядати, *-аю, -аєш*	*кого? що?*	둘러보다, 살펴보다
оглянути, *-ну, -неш*		
одягатися, *-аюся, -аєшся*	*як? у що?*	입다, 복장을 하다
одягтися, *-гнуся, -гнешся*		
ознайомлюватися, *-ююся, -юєшся*	*з чим? де?*	친해지다, 잘 알게 되다
ознайомитися, *-млюся, -мишся*		
означати, *-аю, -аєш*	*що?*	의미하다, 뜻하다
океан, *-у*		바다, 해양, 대양
окупаційний, *-а, -е, -і*		점령의
омивати, *-аю, -аєш*	*що? де?*	주위를 흐르다, 둘러싸다
омити, *-ию, -иєш*		
опадати, *-аю, -аєш*	*звідки? куди?*	떨어지다
опасти, *-аду, -адеш*		
опади, *-ів*		강우, 강수량
опис, *-у*		설명, 묘사, 기술
освіта, *-и*		교육
остаточно		마침내, 결국
острів, *-рова*		섬
отрутохімікат, *-у*		화학 유독물, 농약
охороняти, *-яю, -яєш*	*кого? що? від кого? від чого?*	보호하다, 지키다
охоронити, *-ню, -ниш*		

П

пастух, *-а*	목자
певний, *-а, -е, -і*	어떤, 특정한
первинний, *-а, -е, -і*	초기의, 원래의
перебільшення, *-я*	과장

переважати, *-аю, -аєш*	*де? над ким? над чим?*	뛰어나다, 탁월하다
переважити, *-жу, -жиш*		
переважно		주로, 대부분
переговори, *-ів*		협상
переїжджати, *-аю, -аєш*	*куди? звідки?*	이주하다, 옮기다
переїхати, *-їду, -їдеш*		
перенаселеність, *-ності*		인구과잉
переселятися, *-яюся, -яєшся*	*куди? звідки?*	이주하다
переселитися, *-люся, -лишся*		
перетворюватися, *-ююся, -юєшся*	*на/у кого? на/у що?*	변화하다, 전환하다
перетворитися, *-рюся, -ришся*		
перехідний, *-а, -е, -і*		변천하는, 과도적인
перехрестя, *-я*		기로, 교차로
півкуля, *-і*		반구
підгинатися, *-аюся, -аєшся*	*як? куди?*	굽다, 휘다
підігнутися, *-нуся, -нешся*		
піднімати, *-аю, -аєш*	*кого? що? звідки?*	(들어) 올리다
підняти, *-німу, -німеш*		
підтримка, *-и*		지지
піклуватися, *-уюся, -уєшся*	*про кого? про що?*	보살피다, 돌보다
попіклуватися, *-уюся, -уєшся*		
платиновий, *-а, -е, -і*		플레티나제의, 백금
повертатися, *-аюся, -аєшся*	*куди? звідки?*	되돌아가다
повернутися, *-нуся, -нешся*		
пов'язаний, *-а, -е, -і*		연결된, 관련된
пов'язувати, *-ую, -уєш*	*кого? що? з ким? з чим?*	연결시키다
пов'язати, *-в'яжу, -в'яжеш*		
погоджуватися, *-уюся, -уєшся*	*з ким? з чим?*	동의하다, 수긍하다
погодитися, *-джуся, -дишся*		
подібний, *-а, -е, -і*		유사한
подружжя, *-я*		부부

показник, *-а*		표시기, 지표
покоління, *-я*		세대
покращуватися, *-уюся, -уєшся*	*де? як?*	향상되다, 개선되다
покращитися, *-щуся, -щишся*		
поле, *-я*		들판
помірний, *-а, -е, -і*		온화한, 알맞은, 적당한
поняття, *-я*		개념, 의견, 생각
популяція, *-ії*		인구, 개체군
порушення, *-я*		위반, 침해
порушуватися, *-уюся, -уєшся*	*де? як? коли?*	침해되다, 준수되지 않다
порушитися, *-шуся, -шишся*		
порятунок, *-нку*		구조, 구호, 구출
постійний, *-а, -е, -і*		지속적인, 계속되는
поступово		점차적으로, 점진적으로
посягання, *-я*		침해, 잠식, 침범
потрібний, *-а, -е, -і*		필요한, 필수적인, 불가피한
починати, *-аю, -аєш*	*що? з чого? що робити?*	시작하다
почати, *-чну, -чнеш*		
починатися, *-аюся, -аєшся*	*з кого? з чого?*	시작되다
початися, *-чнуся, -чнешся*		
право, *-а* (голосу)		참정권, 선거권
прагнення, *-я*		지향, 갈망, 추구
представляти, *-яю, -яєш*	*кого? що? де?*	대표하다, 대변하다
представити, *-влю, -виш*		
представник, *-а*		대표
прийом, *-у*		수용, 응접
прикривати, *-аю, -аєш*	*кого? що? як?*	숨기다, 보호하다, 지키다
прикрити, *-ию, -иєш*		
природний, *-а, -е, -і*		자연의
прислухатися, *-аюся, -аєшся*	*до кого? до чого?*	귀를 기울이다
прислухатися, *-аюся, -аєшся*		

причина, *-и*		이유, 원인
причому		게다가
проводити, *-джу, -диш*	*що? де?*	열리다, 개최하다, 집행하다
провести, *-еду, -едеш*		
прогноз, *-у*		일기예보
продавати, *-аю, -аєш*	*що? кому?*	팔다
продати, *-дам, -даси*		
простір, *-тору*		공간
простягатися, *-аюся, -аєшся*	*куди? звідки?*	뻗다, 달하다
простягнутися, *-нуся, -нешся*		
просувати, *-аю, -аєш*	*кого? що? як? куди?*	추진하다, 나아가게 하다
просунути, *-ну, -неш*		
протиставлятися, *-яюся, -яєшся*	*кому? чому? як?*	반대하다
протиставитися, *-влюся, -вишся*		
птах, *-а*		새

Р

радість, *-дості*	기쁨
радник, *-а*	고문, 평의원
рахунок, *-нку*	점수
революціонер, *-а*	혁명가
регіон, *-у*	지역, 지방
режим, *-у*	정권
репатріант, *-а*	본국으로의 송환자
ресурс, *-у*	자원, 자산
риса, *-и*	특징
рівнина, *-и*	평원
рівноправство, *-а* = рівність, *-ності*	평등, 공정
рідкісний, *-а, -е, -і*	드문
Різдво, *-а*	성탄절, 크리스마스
річ, *речі*	것, 일, 상황, 물건

родючий, *-а, -е, -і*		비옥한, 다산의
розвалювати, *-юю, -єш*	*що? як? де?*	허물다, 와해하다
розвалити, *-лю, -лиш*		
розмір, *-у*		크기, 규모, 사이즈
розраховувати, *-ую, -уєш*	*на кого? на що?*	계산하다, 예상하다
розрахувати, *-ую, -уєш*		
розрізувати, *-ую, -уєш*	*що? кого? як?*	자르다, 절개하다
розрізати, *-іжу, -іжеш*		
рослина, *-и*		식물
руда, *-и*		광석, 원광

С

саміт, *-у*		정상회담
свисток, *-тка*		호각
своєрідний, *-а, -е, -і*		원래의, 독창적인
своєрідність, *-ності*		독창성
священик, *-а*		신부, 사제, 성직자
середовище, *-а*		환경
силоміць		강제로, 억지로
скарб, *-у*		보물
склад, *-у*		구성원
складати, *-аю, -аєш*	*що? куди? як?*	나란히 놓다, 작성하다, 수집하다
скласти, *складу, складеш*		
скликати, *-аю, -аєш*	*кого? що? куди?*	불러모으다
скликати, *скличу, скличеш*		
скорений, *-а, -е, -і*		순종하는, 묵묵히 따르는
скорочення, *-я*		감축, 감소, 축소
скорочуватися, *-уюся, -уєшся*	*чому? де? як?*	단축하다, 축소되다
скоротитися, *-рочуся, -ротишся*		
сліпий, *-а, -е, -і*		눈먼
службовець, *-вця*		사무원

смерть, *-і*		죽음
снитися, *снюся, снишся*	*кому? коли?*	꿈꾸다
наснитися, *-нюся, -нишся*		
сокира, *-и*		도끼
спадщина, *-и*		유산, 전통
співрозмовник, *-а*		상대자, 상대방, 대화자
співрозмовниця, *-і*		상대자, 상대방, 대화자
спілкування, *-я*		커뮤니케이션, 소통
спостерігати, *-аю, -аєш*	*за ким? за чим? де? як?*	관측하다, 주의해서 보다
спостерегти, *-ежу, -ежеш*		
спостерігач, *-а*		관찰자
справедливість, *-вості*		정의
сприймати, *-аю, -аєш*	*кого? що? як?*	지각하다, 이해하다
сприйняти, *сприйму, сприймеш*		
спричиняти, *-яю, -яєш*	*що? де? коли?*	유발시키다, 일으키다
спричинити, *-ню, -ниш*		
ставати, *стаю, стаєш*	*ким? чим?*	~이 되다
стати, *стану, станеш*		
ставлення, *-я*		태도, 자세
стан, *-у*		상황, 상태, 형편
становище, *-а*		상태, 지위
стать, *-і*		성
стежити, *-жу, -жиш*	*за ким? за чим? де? як?*	주시하다, 살펴보다
простежити, *-жу, -жиш*		
степ, *-у*		스텝지대
стиль, *-ю*		스타일, 유형
струшувати, *-ую, -уєш*	*що? звідки?*	흔들다
струсити, *струшу, струсиш*		
студії, *-ій*		연구
суддя, *-і*		심판, 판정, 주심
суспільство, *-а*		사회

Т

текти, *тече*	*де? як?*	흐르다
тиск, *-у*		압력
торговець, *-вця*		상인
торгівля, *-і*		무역
трагічний, *-а, -е, -і*		비극적인, 비참한
траплятися, *-яється*	*з ким? з чим? де?*	생기다, 발생하다
трапитися, *-питься*		
тривалий, *-а, -е, -і*		오래끈, 연장된
тривати, *-аю, -аєш*	*як довго?*	지속하다, 연속하다
трудовий, *-а, -е, -і*		노동의

У

узвишшя, *-я*		높은 지내, 높은 자리, 언덕
умирати (помирати), *-аю, -аєш*	*за кого? за що? де? як?*	죽다
умерти (померти), *умру, умреш*		
уникати, *-аю, -аєш*	*кого? чого? чому?*	피하다, 면하다
уникнути, *-ну, -неш*		
установа, *-и*		단체, 기구, 조직
утиск, *-у*		억압, 탄압
учасник, *-а*		참여자

Ф

фестиваль, *-ю*		축제

Х

хапатися, *-аюся, -аєшся*	*за кого? за що? як?*	사용하다, 이용하다
схопитися, *схоплюся, схопишся*		
хвалити, *хвалю, хвалиш*	*кого? що? за що?*	칭찬하다
похвалити, *-хвалю, -хвалиш*		

хмарність, *-ності* 흐림, 어두침침함

хутір, *-тора* 농장

Ц

цар, *-я* 차르(러시아 황제)

цілий, *-а, -е, -і* 전체의

Ч

чорнозем, *-у* 흑토

чужий, *-а, -е, -і* 외계의, 외국의, 다른

чужина, *-и* 외국, 낯선 땅

Ш

шлях, *-у* 길, 도로

шукати, *-аю, -аєш* *кого? що? де?* 찾다, 탐색하다

знайти, *знайду, знайдеш*

Щ

щирий, *-а, -е, -і* 진지한, 진실한, 진심의

Я

явище, *-а* 현상

являтися, *-яюся, -яєшся* *кому? де? як?* 나타나다, 일어나다

явитися, *явлюся, явишся*

실용 우크라이나어

ВІДПОВІДІ

답안

БІБЛІОГРАФІЯ

참고문헌

ВІДПОВІДІ
답안

Урок 01. Місто Львів
제1과. 르비우 시

4 p. 12

1) Львів є найважливішим політичним та культурним центром західного регіону України.
2) Львів розташований на перехресті шляхів зі Заходу на Схід.
3) На перехресті шляхів зі Заходу на Схід.
4) Місто бере участь у міжнародній торгівлі, інвестиційних і культурних проектах.
5) Зараз у Львові покращується робота транспорту, будують багато сучасних будинків, готелів, ресторанів, супермаркетів тощо.
6) У травні 1999 року тут відбувся Шостий саміт президентів країн Центральної та Східної Європи.
7) Центральна частина Львова є у списку Світової спадщини ЮНЕСКО, як одна з найважливіших історичних пам'яток світу.
8) Там щорічно навчаються понад 100 тисяч студентів.
9) Історичні пам'ятки архітектури різних стилів мистецтва XIII–XX століть.
10) Туристи оглядають не тільки місто, а й прекрасні місця Львівщини – старовинні замки, курортні місцевості, гори Карпати...

6 p. 13-14

1) розташований
2) дає змогу
3) покращується, будують
4) проводять
5) був (відбувся)
6) є
7) навчаються (вчаться)
8) має
9) зачаровують
10) приїжджає

7 p. 14

Шляхів, сучасних будинків, готелів, супермаркетів, президентів, країн, (100) тисяч студентів, бібліотек, музеїв, театрів, концертних залів, історичних пам'яток, різних стилів, століть, туристів.

8 p. 15

1) бібліотек, музеїв
2) книжок, журналів
3) уроків
4) естетичних вражень
5) різних країн
6) давніх міст

9 p. 15

В інвестиційних і культурних проектах, в (17-ти) університетах та інститутах.

10 p. 16

1) В інститутах
2) В музеях
3) На підготовчих факультетах
4) На заводах, у лабораторіях
5) У сьогоднішніх газетах
6) У книжках, збірниках

11 p. 17

У Львові є багато бібліотек і музеїв, де можна ознайомитися з історією та культурою міста; театрів і концертних залів, де можна послухати класичну і сучасну музику, подивитися виставу, балет тощо.

12 (зразок) **p. 18**

1) в якому (де) вчиться мій брат (друг, подруга)
2) на якій (де) раніше працював його батько
3) в яких (де) я ще не був (бував)
4) в якому (де) можна купити різні речі
5) в якій (де) працюють чудові викладачі (відомі художники, скульптори, митці)
6) в якому (де) мені подобається відпочивати

13 p. 19

Кожного року до Львова приїжджає багато туристів, які оглядають не тільки місто, а й прекрасні місця Львівщини – старовинні замки, курортні місцевості, гори Карпати...

14 (зразок) **p. 20**

Моя подруга вчиться в університеті, який (що) був заснований дуже давно.
Мій друг намалював картину, яка (що) мені дуже подобається.
Це місто, яке (що) збудував король Данило Галицький.
Це пісні, які (що) мені подобаються.

Урок 02. Погода

제2과. 날씨

4 p. 24

1) Поняття “погода” – це шість показників стану повітря: температура повітря, атмосферний тиск, вітер, вологість повітря, хмарність та атмосферні опади.
2) Усі ці показники можуть змінюватися у часі та в просторі.
3) Стан погоди потрібно знати людям багатьох професій: морякам і пілотам, будівельникам і водіям, але особливо –

працівникам сільського господарства.

4) Наука, що вивчає атмосферу Землі та зміни основних показників стану повітря, називається метеорологією.
5) Спостерігають за погодою на метеорологічних станціях.
6) Ці станції розташовані на території всієї земної кулі.
7) Усі показники стану повітря взаємопов'язані та коли змінюється один з показників, тоді також змінюються всі інші.
8) Знаючи усі показники стану повітря, можна скласти прогноз погоди на найближчий час і на майбутнє.

6 **p. 26**

1) це
2) змінюватися
3) знати
4) складати
5) називається
6) розташовані (знаходяться, є)

7 **p. 27**

Знаючи це, можна скласти прогноз погоди на найближчий час і на майбутнє.

8 (зразок) **p. 27**

Де можна купити їжу?
У парку можна гуляти, відпочивати, займатися спортом.
Студентам можна відвідати музей після занять.
Можна вийти з аудиторії?

9 (зразок) **p. 28**

У суботу я зможу піти з тобою в кіно.
За скільки часу ти зможеш написати вправу?
Можеш допомогти мені?
Автомобіль може їхати зі швидкістю 200 км/год.

Урок 03. Мова – найбільший скарб народу

제 3과. 언어는 민족의 가장 큰 보물

4 **p. 31**

1) Мова народу – найкращий і найбільший скарб усього його духовного життя, яке починається далеко в минулому.
2) У мові живе весь народ і вся батьківщина.
3) У мові відбивається не тільки природа рідної країни, але й уся історія духовного життя народу.
4) Мова з'єднує минулі, сучасні та майбутні покоління народу в одне велике, історичне живе ціле.
5) Коли зникає мова – народу нема!
6) Найгірше те, коли в народу хочуть відібрати мову, його духовну спадщину.
7) Нову батьківщину може створити народ, але мови – ніколи: вимерла мова – вимер і народ.
8) Так, мова народу – це його найбільший

скарб. Тому що в ній живе весь народ і вся батьківщина; відбивається не тільки природа рідної країни, але й уся історія духовного життя народу.

6 p. 33

Батьківщина – вітчизна, рідний край, рідна земля

Скарб – спадщина, маєток, цінність

7 p. 33

З'єднувати – роз'єднувати

Життя – смерть

8 p. 33

1) починається
2) живе
3) відбивається
4) з'єднує
5) зникає
6) відібрати

9 p. 34

Найкращий, найбільший, найважливішим, найбагатшим, наймічнішим, найгірше.

10 p. 35

1) Ці композитори найвідоміші.
2) Цей роман найцікавіший.
3) Це море найглибше.
4) Ця річка найвужча.
5) Син подарував матері найгарніші (найкращі) квіти.
6) Я взяв найстаріший словник.

11 p. 35

1) краще
2) бідніша
3) найбагатша
4) найсмачніше
5) швидко, швидше
6) найцікавіший

12 p. 36

У минулому, у мові, в мові.

13 p. 36-37

1) У великому південному місті.
2) У старому гарному будинку.
3) На другому поверсі.
4) На новому хімічному заводі.
5) У студентському клубі.
6) У книжковому магазині.
7) У новому кінотеатрі.
8) На факультеті іноземних мов.
9) На тихій зеленій вулиці.
10) У великій світлій кімнаті.

14 p. 37

Минулі, сучасні, майбутні покоління, в одно велике історичне живе ціле, мову, його духовну спадщину, нову батьківщину.

15 p. 38

1) сьогоднішні газети, сьогоднішні газети, у сьогоднішніх газетах
2) великий чорний портфель, великий чорний портфель, у великому чорному портфелі
3) цікава лекція, про цікаву лекцію, цікаву

лекцію

4) ця невелика валіза, цю невелику валізу, у цій невеликій валізі

5) наші нові студенти, наших нових студентів, про наших нових студентів

16 **p. 39**

Проте в мові відбивається не тільки природа рідної країни, але й уся історія духовного життя народу.

Нову батьківщину може створити народ, але мови – ніколи: вимерла мова – вимер і народ.

17 (зразок) **p. 40**

1) а моя подруга любить відпочивати.

2) але не подобається вивчати математику і фізику.

3) але деякі країни хочуть війни.

4) а мій брат живе у новому і сучасному місті.

5) а я відвідав Індію.

6) але ми не завжди ходимо туди обідати.

Урок 04. Тарас Шевченко

제 4과. 타라스 쉐브첸코

4 **p. 44**

1) Тарас Шевченко народився на українській землі, народився у кріпацькій сім'ї.

2) Він був поетом, якого ми до того часу не мали: поетом для всіх, поетом народним, поетом гноблених, але не скорених; він став борцем, революціонером.

3) Його боялися царі й ненавиділи пани.

4) Місце Шевченка в історії українського народу дуже вагоме (велике, значне).

5) Тому що вона актуальна, кожне нове покоління бере з його спадщини те, що на цьому етапі історії є найближчим для сучасних людей

6) Не лише в Україні, а й в цілому світі.

7) З Шекспіром, Байроном, Омаром Хайямом. . .

5 **p. 44**

Кріпак – кріпацькій

Людина – людства, людей

6 **p. 44**

Ненавидіти – любити

Безсмертний – смертний, не вічний

8 **p. 46**

ставати я буду ти будеш він/вона буде ми будемо ви будете вони будуть	ставати	я ставатиму ти ставатимеш він/вона ставатиме ми ставатимемо ви ставатимете вони ставатимуть

стати
я стану
ти станеш
він/вона стане
ми станемо
ви станете
вони станутьи

боятися я буду ти будеш він/вона буде ми будемо ви будете вони будуть	боятися	я боятимуся ти боятимешся він/вона боятиметься ми боятимемося ви боятиметеся вони боятимуться

побоятися
я побоюся
ти побоїшся
він/вона побоїться
ми побоїмося
ви побоїтеся
вони побояться

арештовувати
я буду
ти будеш
він/вона буде
ми будемо
ви будете
вони будуть

арештовувати

я арештовуватиму
ти арештовуватимеш
він/вона арештовуватиме
ми арештовуватимемо
ви арештовуватимете
вони арештовуватимуть

арештувати
я арештую
ти арештуєш
він/вона арештує
ми арештуємо
ви арештуєте
вони арештують

повертатися
я буду
ти будеш
він/вона буде
ми будемо
ви будете
вони будуть

повертатися

я повертатимуся
ти повертатимешся
він/вона повертатиметься
ми повертатимемося
ви повертатиметеся
вони повертатимуться

повернутися
я повернуся
ти повернешся
він/вона повернеться
ми повернемося
ви повернетеся
вони повернуться

відправляти
я буду
ти будеш
він/вона буде
ми будемо
ви будете
вони будуть

— відправляти

я відправлятиму
ти відправлятимеш
він/вона відправлятиме
ми відправлятимемо
ви відправлятимете
вони відправлятимуть

відправити
я відправлю
ти відправиш
він/вона відправить
ми відправимо
ви відправите
вони відправлять

ненавидіти
я буду
ти будеш
він/вона буде
ми будемо
ви будете
вони будуть

— ненавидіти

я ненавидітиму
ти ненавидітимеш
він/вона ненавидітиме
ми ненавидітимемо
ви ненавидітимете
вони ненавидітимуть

вважати
я буду
ти будеш
він/вона буде
ми будемо
ви будете
вони будуть

— вважати

я вважатиму
ти вважатимеш
він/вона вважатиме
ми вважатимемо
ви вважатимете
вони вважатимуть

9 **p. 46-47**

1) народився
2) був
3) повернувся
4) приходить
5) читатиме
6) ненавиділи

10 (зразок) **p. 47**

I. де живуть їхні друзі.
куди давно хотіли поїхати.
звідки недавно повернулися.
II. був з батьками.
куди ми ходили минулого тижня.
звідки прийшов мій друг.
III. де жили раніше.
куди поїхали 3 дні тому.
звідки не хотіли повертатися.

11 (зразок) **p. 48**

Я люблю ходити в ліс, де росте багато грибів.
Ми поїхали туди, куди ще не їздили.
Ми недавно повернулися з курорту, звідки надсилали тобі листівку.

Урок 05. Індійський океан

제 5과. 인도양

4 **p. 52**

1) Індійський океан – це третій за розмірами океан у світі.
2) Його більша частина знаходиться у Південній півкулі.
3) На півночі він омиває береги Євразії, на заході – Африки, на півдні – Антарктиди, а на сході – Австралії.
4) Індійський океан – це єдиний з океанів, не з'єднаний з Північним Льодовитим океаном.
5) Перші описи маршрутів плавання океаном склали араби.
6) Після того, як у 1499 році Васко да Гама відкрив Індію, європейці почали вивчати Індійський океан.
7) Одним із перших був англійський мореплавець Джеймс Кук.
8) Комплексне вивчення природи Індійського океану починається з кінця XIX століття.

6 **p. 53**

1) це
2) омиває
3) має
4) склали
5) вивчати
6) починається

7 **p. 54**

Євразії, Африки, Австралії, з океанів, морів, островів, років, до нашої ери, маршрутів, плавання, із перших, природи, Індійського океану, з кінця XIX століття, з різних країн світу, Індійського океану.

8 (зразок) **p. 54**

1) різних країн світу
2) друзів (батьків, сестер, родичів)

3) уроків (занять, екзаменів)
4) друга (подруги, батьків, мами, сестри, брата)
5) української мови (історії, літератури)
6) університету (моря, річки, мого друга, моєї подруги)

9 **p. 55**

У світі, у Південній півкулі, на півночі, на заході, на сході, у 1499 році.

10 (зразок) **p. 55**

Місто Львів розташоване на заході України.
Недавно я був на півдні нашої області.
Столиця України знаходиться на півночі країни.

11 **p. 56**

За розмірами, з Північним Льодовитим океаном, океаном, одним.

12 **p. 56**

Футболом, класичною літературою, журналістом, відомим поетом, своїми друзями, нашою сусідкою, машиною, українською мовою.

Урок 06. Подарунки на Різдво

제 6과. 성탄절 선물

4 **p. 62**

1) У неї був тільки долар і вісімдесят сім центів.
2) Щоб купити подарунок Джімові.
3) Волосся було її єдиним порятунком.
4) У подружжя Джеймс було дві дуже дорогі речі – це золотий годинник Джіма та волосся Делли.
5) Делла продала своє волосся за двадцять доларів і купила подарунок Джімові.
6) Джім продав свій золотий годинник.
7) Платиновий ланцюжок для його годинника.
8) Гребінці для волосся, про які Делла давно мріяла.
9) Тому що він не знав, що ще сказати (був дуже здивований).
10) Так, сподобалися (Ні, не сподобалися).

6 **p. 64**

1) стояла, дивилася
2) економила
3) порятунок
4) годинник, волосся
5) купити
6) продати, купив
7) розгубилися
8) користуватися

7 **p. 64-65**

Це ручка Марти.
Це факультет економіки.
Це місто Романа.
Це бібліотека університету.
Це фотографія батька.
Це міністр транспорту.

8 p. 65

Перерви, словника, батьків, подруги, мами, студентів, уроків, обіду

9 p. 65

Тебе, нас, вас, мене, вас, неї, нього, них

10 p. 66

Газет, яблук, апельсинів, міст, ручок, речень, словників, олівців, листівок, морів, чайників, дітей, дерев, підручників, країн, журналів.

11 p. 67

Центів, (біля) вікна, (у) неї, годин, (від) вікна, (у) подружжя, Джіма, Делли, доларів, (для) його годинника, (у) Джіма, грошей, (для) Делли, (для) волосся, (до) іншого часу.

12 (зразок) **p. 67**

У мене на столі багато словників.
У Майкла немає часу.
Сьогодні не було уроку літератури.
Віктор п'є чай без цукру.

Урок 07. Світ очима тварини

제 7과. 동물의 눈을 통해 본 세상

4 p. 71

1) Вовка звали Сіроманцем.
2) Вовк був у лісі.
3) Раніше він водив зграю.
4) Молоді вовки з лісів мріяли пройти у нього бойову вовчу школу.
5) Конюхи і пастухи ненавидів Сіроманця.
6) На старість вовк став сліпим.
7) Нюх допомагав Сіроманцеві ходити по світі.
8) І снився щоночі йому єдиний сон: сірі очі вбитих вовченят, убиті вовчиці, і снився він собі сам.

6 p. 73

Вовк – вовчу, вовчицям, вовченят
Старий – найстарішим, старість

7 p. 73

1) звали
2) співав
3) опадало
4) водив
5) став
6) снився

8 (зразок) **p. 74**

На день народження подруга подарувала мені маленьке цуценя.
У мене є кошеня.
Нам дуже подобаються качата.

9 p. 75

Лапою, тихим старим голосом, за Одесою, за Єгиптом, між грибами, над ним, Сіроманцем, найстарішим вовком, сліпим.

10 p. 76

1) столом

2) дверима (дверми)
3) дорогою
4) горами
5) університетом
6) іспитом
7) актрисою
8) будинком

11 (зразок) p. 77

Між горами розташоване наше село.
За моїм будинком є гарний парк.
Ми з друзями любимо гуляти в лісі.
Я їжджу в університет автобусом.

12 p. 77

Уночі прийшла осінь, і вовк по-тваринному сказав: "Ого-го!".
Вовк лежав між грибами, і над ним опадало листя.
Його звали Сіроманцем, і він був найстарішим вовком у світі.
І снився щоночі йому єдиний сон: сірі очі вбитих вовченят, убиті вовчиці, і снився він собі сам.

13 (зразок) **p. 78**

Ми вирішили купити новий словник, але забули про це.
Удень на вулиці тепло, а ввечері та вранці – холодно.
Ми поїхали в парк, і наші друзі поїхали з нами.

Урок 08. Батьківська любов

제 8과. 부모의 사랑

4 p. 81

1) Найшвидше летить материнське серце.
2) Старий Чумак перед смертю хотів сам батьківський заповіт дати дітям.
3) Старий Чумак довго не хотів помирати, тому що чекав на синів.
4) "Батьківський заповіт" – це останні слова, які говорить батько чи мати перед смертю дітям.
5) Ні, сини не приїхали додому.
6) Батько та мати не знали, де вони були. (Десь далеко на чужині).

6 p. 82-83

1) бігають, пливуть
2) знайти
3) не надсилають, не приїжджають
4) наказав
5) хотів
6) помер

7 p. 83

Бігають, пливуть, летять, летить, приїжджають, приїхали.

8 (зразок) **p. 84**

Мій друг швидко бігає.
Я люблю ходити в театр.
Дітям подобається плавати в басейні.
Ми завжди їздимо на автобусі в університет.

9 p. 85-86

іти (йти) – ходити
Іду, ходжу, ходити, ішов, ходили, підуть

їхати – їздити

Їздити, їздимо, їздили, поїдуть, їхали

бігти – бігати

Бігає, біжить, бігав, бігати, бігає

пливти – плавати

Плавати, плаває, плавати, плавали, попливуть, плавати

летіти – літати

Літати, полетять, літали, літає, летить

10 p. 86-87

- Куди ти *поїдеш* завтра?
- Я *поїду* в бібліотеку.
- Коли ти *поїдеш* у бібліотеку?
- О 10 годині ранку.

- Звідки твій друг *приїхав* вчора?
- Він *приїхав* з Києва.
- Чому він туди *їздив*?
- Тому що там живуть його батьки.

- Іване, куди ти *їдеш (ідеш)* зараз?
- Я *їду (іду)* на стадіон.
- Я теж хочу *поїхати (піти)* на стадіон, але у мене нема часу сьогодні.
- Давай завтра *поїдемо (підемо)* разом?
- Добре. Давай!

- Коли ти *приїхав (прийшов)* додому вчора? Я тебе довго чекав.
- Я *приїхав (прийшов)* пізно, тому що у мене було багато роботи.
- Я думав, що ми *поїдемо (підемо)* на концерт разом.
- На жаль, я не знав, що вчора був концерт.

Урок 09. Компліменти

제 9과. 칭찬

4 p. 92-93

1) Слово "комплімент" українська мова запозичила із французької.
2) Воно означає "вітання".
3) Комплімент використовують найчастіше при зустрічі замість традиційного вітання, наприклад: "Які ви чудові сьогодні!", "Ви чарівні сьогодні, як завжди!".
4) Компліменти кажуть найчастіше чоловіки жінкам.
5) Хоча компліменти можна використовувати будь-кому, незалежно від статі та віку.
6) Комплімент не повинен бути багатозначним, має відповідати ситуації спілкування, має бути щирим.
7) Навіювання того, що приємне людині; перебільшення її достоїнств; позитивні емоції адресата.
8) Тому що це небезпечно.
9) Не кажіть людині того, що їй неприємне або зовсім не властиве.
10) За вчинки, за характер, за зовнішній вигляд, одяг, зачіску.

5 **p. 93**

Комплімент – вітання

Властивий – доречний, належний, відповідний

6 **p. 93**

Багатозначний – малозначний

Щирий – нещирий, лукавий

8 **p. 95**

1) запозичила
2) говорити
3) кажуть
4) правила
5) складається
6) відповідати
7) перебільшення
8) хвалять

9 **p. 95**

Жінкам, будь-кому, людині, хворому, коханій дівчині, акторові, тобі.

10 **p. 96**

1) мені і моїй сестрі.
2) їх викладачеві (-у).
3) своєму деканові (-у).
4) старшим людям.
5) синові (-у) і дочці.
6) студентам.

11 **p. 97**

Своєрідність компліменту як елемента мовного етикету полягає в тому, що його кажуть найчастіше чоловіки жінкам. Механізм використання компліменту складається з кількох елементів: навіювання того, що приємне людині; перебільшення її достоїнств; позитивні емоції адресата.
Існують своєрідні правила вживання компліментів, їх треба дотримуватися, щоб уникнути можливих непорозумінь. По-перше, не кажіть людині того, що їй неприємне або зовсім не властиве. Зрозуміло, що комплімент – це завжди перебільшення, але в усьому потрібна розумна міра.

12 (зразок) **p. 97**

що людина не може все знати.
щоб вивчити українську мову.
щоб мої батьки приїхали до мене.
що вона найкрасивіша дівчина у світі.
що йому треба багато і наполегливо вчитися.
щоб допомагати людям.

13 (зразок) **p. 98**

Я думаю, що це хороша ідея.
Вона гадає, що краще поїхати відпочивати сьогодні, а не завтра.
Ти знаєш, що я не можу виконати це завдання.
Ми розуміємо, щоб виконати цю вправу, треба користуватися словником.

Урок 10. Тварини на межі вимирання

제 10과. 멸종 위기의 동물들

4 p. 102

1) У заповіднику на території Львівської області почали відновлювати популяцію зубрів.
2) Там живе п'ятеро дорослих зубрів і одне маленьке зубреня.
3) Зубри в Україні є вимираючими тваринами.
4) Тому що мисливці знищили популяцію зубрів у деяких областях України.
5) Найбільш трагічна ситуація зараз у західних регіонах країни.
6) Зубра називають царем звірів Карпат.
7) В українських Карпатах сьогодні живе близько 107 зубрів.
8) У польській частині Карпат – більше 180 тварин.
9) Усі мають піклуватися про цих звірів.
10) "Червона книга " – це спеціальна книга, в якій записано вимираючі та зниклі види тварин і рослин.

6 p. 104

1) відновлювати
2) відповідальність
3) вимираючими
4) знищили
5) популяція
6) називають
7) охороняти, піклуватися
8) байдужими

7 p. 105

П'ятеро дорослих зубрів

8 p. 106

1) трьох тисяч восьмисот сімдесяти п'яти людей
2) десяти студентів
3) сорока семи мільйонів людей
4) сімнадцяти пасажирів
5) ста іноземних студентів
6) трьох днів

9 p. 107

Відновлювати – відновлюй, відновлюйте, відновлюймо.
Відновити – віднови, відновіть, відновімо.
Вимирати – вимирай, вимирайте, вимираймо.
Вимерти – вимри, вимріть, вимрімо.
Знищувати – знищуй, знищуйте, знищуймо.
Знищити – знищ, знищте, знищмо.
Зменшуватися – зменшуйся, зменшуйтеся, зменшуймося.
Зменшитися – зменшся, зменштеся, зменшмося.
Погоджуватися – погоджуйся, погоджуйтеся, погоджуймося.
Погодитися – погодься, погодьтеся, погодьмося.
Охороняти – охороняй, охороняйте, охороняймо.
Охоронити – охорони, охороніть, охоронімо.
Піклуватися – піклуйся, піклуйтеся,

піклуймося.
Попіклуватися – попіклуйся, попіклуйтеся, попіклуймося.

10 p. 107

Погодьтесь, не залишайтесь.

11 (зразок) **p. 108**

Сідайте, будь ласка!
Читайте текст!
Допомагайте один одному!
Скажи мені, будь ласка, що ти робив учора?

Урок 11. Україна

제 11과. 우크라이나

4 p. 111

1) Слово "Україна" – означає „земля, що лежить скраю".
2) Україна розташована на південному сході Європи.
3) Характерною рисою географії краю є відсутність природних бар'єрів.
4) В Україні переважають родючі українські чорноземи.
5) Україна багата на корисні копалини, зокрема вугілля та залізну руду.
6) В Україні течуть три великі річки: Дніпро, Південний Буг та Дністер.
7) Площа України понад 600 тисяч квадратних кілометрів.
8) За територією це друга після Росії країна Європи.

6 p. 113

1) означає
2) розташована
3) винятком
4) переважають
5) найбагатша
6) течуть
7) займає
8) це

7 (зразок) **p. 114**

Чверть години – це 15 хвилин.
Півтори години Іван читав книжку.
½ території України – це просторі степи.

8 (зразок) **p. 115**

Київ розташований на півночі України.
Сеул розташований на заході Корейського півострова.

9 p. 115

На південному сході, на заході, на півдні, в Україні, у своїх сучасних межах.

10 p. 116

Європи, географії краю, природних бар'єрів, території України, з півночі до Чорного моря, 600 тисяч квадратних кілометрів, 1 300 кілометрів, зі заходу, 900 кілометрів, із півночі, Росії.

Урок 12. Екологічні проблеми

제 12과. 환경문제

4 p. 122

1) Екологічні проблеми – це ті проблеми, що виникли внаслідок взаємодії людини з навколишнім середовищем.
2) Екологічні проблеми, що є актуальними для всього людства.
3) Залучаючи до цього все людство.
4) Територія України вважається екологічно небезпечним регіоном світу.
5) Повітря забруднене промисловими газами.
6) Тому що люди викидають туди сміття, заводи і фабрики виливають забруднену воду.
7) Вони забруднені отрутохімікатами і мінеральними добривами.
8) Тому що площа лісів з XVI століття постійно скорочується. Деякі види тварин стали дуже рідкісними.
9) Екологічно чисті куточки природи залишилися тільки у заповідниках, природних національних парках.
10) Так. (Ні).

6 p. 123

1) виникли
2) говорять
3) вирішити
4) вважається
5) забруднені
6) зазнали
7) змінилися
8) залишилися

7 p. 124

Полів, мінеральних ресурсів, тварин, лісів.

8 p. 124

1) грошей
2) добрих ґрунтів
3) будинків відпочинку
4) гостей
5) років
6) внутрішніх вод

9 p. 125

У промислових центрах, у заповідниках, природних національних парках.

10 (зразок) **p. 125**

Багато тварин живе у природних національних парках.
Я люблю дивитися на тварин, які живуть у заповідниках.

11 p. 126

Глобальними, актуальними, отрутохімікатами, мінеральними добривами, рідкісними.

12 p. 126

Лікарями, актуальною, інженером, невирішеними, викладачами, відомими

13 p. 127

1) З нашими студентами.

2) З моїми друзями.
3) З добрими людьми.
4) З її старшими сестрами.
5) З моїми молодшими братами.
6) З маленькими дітьми.

Урок 13. Європейський вибір України

제 13과. 우크라이나의 유럽 선택

4 p. 132

1) Європейський Союз – це економічне і політичне об'єднання 27 європейських держав.
2) Що Україна пройшла випробування на демократію.
3) Парламентські вибори, які нещодавно відбулися в Україні, були демократичними.
4) Андрій Мелешевич був приємно здивований, коли побачив склад учасників Української школи політичних студій, адже вони представляють усю Україну, всі регіони, всі партії.
5) Треба й далі Україні перетворюватися на парламентсько-президентську республіку, що має демократичне продовження.
6) Україна перетворилася в парламентсько-президентську республіку.
7) Україні треба ще вчитися у країн ЄС не втратити демократичні здобутки.
8) Так. (Ні).

6 p. 133

1) пройшла
2) сказали, відбулися
3) зробив
4) розраховувати
5) перетворилася
6) відбуваються

7 p. 134

Борис питає (запитав) Віктора, що він буде робити завтра.
Віктор відповідає (відповів) Борисові, що ще не знає. Буде відпочивати.
Борис питає (запитав) Віктора, чи він не забув, що обіцяв йому допомогти. Йому треба написати твір про рідну країну.
Віктор відповідає (відповів) Борисові, що він пам'ятає.
Іван питає (запитав) Саміра, чи вони поїдуть в кінотеатр "Київ".
Самір питає (запитав) Івана, де розташований цей кінотеатр.
Іван відповідає (відповів) Самірові, що на Хрещатику. Іван питає (запитав) Саміра, чи він там був.
Самір відповідає (відповів) Іванові, що не був. Але знає, що Хрещатик – це центральна вулиця Києва.
Іван каже (сказав) Самірові, що, справді, Хрещатик не дуже великий, але дуже гарний.

8 p. 135

"Ви, – сказав пан Ніколов, звертаючись до учасників, – ті особи, які мають просувати

ці ідеї в суспільстві ".
Усі країни, які мають такий політичний режим упродовж кількох генерацій – це парламентські режими.
Усі режими, в яких рано чи пізно стався колапс – це, як правило, президентські режими.

9 (зразок) **p. 136**

в якій знаходиться найбільший діагностичний центр в області.
який називається «Львівська політехніка».
в якому росте багато дерев, квітів.
яке розташоване на заході України.
яку недавно відвідав президент України.
якою прикрасили один із залів Картинної галереї.
на якому вчився мій брат.

10 (зразок) **p. 136**

Я вчуся в університеті, в якому працюють чудові викладачі.
Зараз я читаю книжку, яку дав мені мій друг.
Моя мама зустріла свою подругу, з якою не бачилася дуже давно.
Діти люблять гратися на подвір'ї, на якому є багато місця.

Урок 14. Страх голоду

제 14. 기아의 공포

4 **p. 142**

1) Корній пішов до лісу.
2) Він вийшов туди, де стояв колись хутір Мартина.
3) Корній собі пригадав давні роки (минулі роки; те, що було раніше).
4) Він шукав їсти.
5) Корній знайшов мертвого зайця.
6) Так, він узяв зайця.
7) Того дня була зима, ще лежав сніг серед поля.
8) Корній почав їсти Корній зайця по дорозі.
9) Корній не міг іти, ноги підгиналися, не хотіли іти.
10) "Якби знав, що зайду додому, не починав би їсти того зайця. Хай би був дитині. Та ж не зайду. Як зайдеш, коли ноги підгинаються й не хочуть йти... Що хочеш роби, а вони не хочуть і кінець..."

6 **p. 144**

Забуватися – забувався, забувалася, забувалося, забувалися.
Забутися – забувся, забулася, забулося, забулися.
Зникати – зникав, зникала, зникало, зникали.
Зникнути – зникнув, зникнула, зникнуло, зникнули.
Траплятися – траплявся, траплялася, траплялося, траплялися.
Трапитися – трапився, трапилася, трапилося, трапилися.
Відчувати – відчував, відчувала, відчувало, відчували.
Відчути – відчув, відчула, відчуло, відчули.

Піднімати – піднімав, піднімала, піднімало, піднімали.
Підняти – підняв, підняла, підняло, підняли.
Розрізувати – розрізував, розрізувала, розрізувало, розрізували.
Розрізати – розрізав, розрізала, розрізало, розрізали.
Підгинатися – підгинався, підгиналася, підгиналося, підгиналися.
Підігнутися – підігнувся, підігнулася, підігнулося, підігнулися.

7 р. 145

1) пройшов, вийшов
2) підійшов
3) думає
4) хочуть, чекають
5) лежав
6) зупинився, стояв
7) підняв, розрізав
8) підгинаються

8 р. 146

Починав би, був би (би був).

9 (зразок) **р. 147**

1) Він хотів би бути пілотом.
2) Я зробив би, щоб усі люди були щасливі та багаті.
3) Я купив би собі гарний будинок і новий автомобіль.
4) Я б пішла в зоопарк.

10 (зразок) **р. 147**

Якби у мене було багато грошей, я б купив подарунки своїм друзям.
Михайло збудував би новий дім, якби його батько не був проти.
Ми прийшли б на екзамен вчасно, якби не проспали.

Урок 15. Імміграція українців

제 15과. 우크라이나인들의 이민

4 р. 152-153

1) Українська еміграція – так називають українців, які вимушено чи добровільно з економічних, політичних або релігійних причин переселилися за межі України в іншу країну на постійне чи тривале проживання.
2) З економічних, політичних або релігійних причин українці почали переселятися за межі України.
3) Дослідники виділяють чотири періоди в історії української еміграції.
4) Найчастіше українці переселялися до Польщі, Чехословаччини, Австрії, Румунії, Болгарії, Німеччини, Франції, Аргентини, Бразилії, Австралії, США і Канади.
5) Він почався наприкінці XIX століття і тривав до початку Першої світової війни.
6) Цю еміграцію спричинили як і аграрна перенаселеність українських територій, так і утиски: економічні, соціальні, політичні.
7) Він тривав між Першою і Другою

світовими війнами у XX столітті.
8) Він був зумовлений соціально-економічними та політичними причинами.
9) Почався наприкінці Другої світової війни.
10) Він зумовлений головно політичними причинами.
11) Четвертий період імміграції почався у 1990-х роках.
12) Його головні причини – економічна криза перехідного періоду в Україні, здебільшого безробіття.

5 **p. 153**

Еміґрувати – переселятися, переїжджати, виїхати.

6 **p. 153**

Повертатися – залишатися.

8 **p. 155**

1) починається, триває
2) виділяють
3) спричинили
4) боролися
5) виїздили
6) почався

9 **p. 156**

Виїздили, переїхала, виїхало.

10 **p. 157**

1) перейшли
2) обійшли (пройшли, об'їхали, проїхали)
3) прийшов (приїхав)
4) зайти
5) вбігли (зайшли, забігли, увійшли)
6) піду (зайду)
7) вийшли (вибігли)
8) під'їхав

11 (зразок) **p. 157**

Діти обходили калюжу.
Ми часто забігаємо в гості до друзів на хвилинку.
У нас немає часу, щоб об'їхати земну кулю.
Бать приїхали до мене вчора.

Урок 16. Права людини

제 16과. 인권

4 **p. 162**

1) Права людини – це права, які кожний має лише тому, що він є людиною, і якими всі люди володіють однаково.
2) Права людини є соціальними і політичними гарантіями, потрібними для захисту особи від посягань на людську гідність з боку сучасних держав.
3) Права людини були тією силою, за допомогою якої Рейган розвалив Радянський Союз.
4) Тому що не було справедливості, люди погано жили.
5) За права людини стали хапатися фанатики або просто люди, які до кінця

не розуміли значення цього поняття.

6) Ізраїльського араба дискримінують при прийомі на роботу через те, що він араб, йому не дають молитися його Аллаху, розмовляти і творити арабською мовою.
7) Певна етнічна чи релігійна група веде боротьбу за територіальне відокремлення, незалежність тощо.
8) Поки людство, обдурене демагогією про права людини, не каратиме країн-агресорів, миру на планеті не бувати.

6 **p. 164**

1) володіють
2) розвалив
3) порушувалися
4) хапатися
5) прикривають, боролися
6) каратиме

7 **p. 165**

На людську гідність, за справедливість, за краще життя, за цей ідеал, за які, на роботу, за територіальне відокремлення, незалежність, про права та інтереси, про права людини.

8 **p. 165**

1) новий магазин
2) свої плани
3) годину
4) любов
5) мир
6) свої права

9 (зразок) **p. 166**

Люди боряться за мир і демократію у світі.
Ми любимо розповідати історії про наших дітей.
Часто я дивлюся на вулицю через вікно.

10 **p. 167**

Якщо ізраїльського араба дискримінують при прийомі на роботу через те, що він араб, якщо йому не дають молитися його Аллаху, розмовляти і творити арабською мовою – то це порушення прав людини, причому порушення, пов'язане з національною або релігійною дискримінацією.
Але якщо певна етнічна чи релігійна група веде колективну боротьбу за територіальне відокремлення, незалежність тощо – то це вже інше завдання.

11 (зразок) **p. 167**

1) то я зроблю все якнайкраще.
2) ми з друзями підемо на екскурсію.
3) якщо буде гарна погода.
4) я поїду відпочивати в Австрію.
5) якщо вона добре напише тест.
6) то ми будемо вдома.

12 (зразок) **p. 168**

Якщо у тебе немає часу зробити цю задачу, я допоможу тобі.
Якщо зможеш, то напиши мені листа

сьогодні.
Заходь до мене в гості, якщо у тебе є вільний час.

Урок 17. Роль жінки у суспільстві

제 17과. 사회 속 여성의 역할

4 p. 172

1) Раніше жінки займалися веденням домашнього господарства, вихованням дітей.
2) У той час більшість жінок були неписьменними.
3) Вони вивчали лише алфавіт, арифметику, читання і письмо у школі.
4) Вони не могли вчитися в університетах, інститутах, тому що їхня роль у суспільстві була обмеженою.
5) У той час жінки не мали права голосу.
6) Жінки тоді завжди носили лише спідниці.
7) Вони вимагали рівноправства.
8) Спочатку жінки домоглися рівності у суспільстві з чоловіками, права голосу, отримання належної освіти.
9) Вони почали одягатися подібно як чоловіки (в моду ввійшли жіночі штани).
10) Жанна д'Арк, Індіра Ганді, Маргарет Тетчер та інші.

6 p. 173

Неписьменний – письменний, освічений.
Обмежений – необмежений, освічений.

7 p. 174

1) займалися
2) були
3) обмеженою
4) прислухалися
5) носили
6) вимагали
7) домоглися
8) змогли

8 p. 174

Домашнього господарства, дітей, жінок, права голосу, до їхньої думки, рівноправства, належного ставлення до себе, рівності, права голосу, отримання належної освіти, жінок.

9 p. 175

В Івана, підручника.
У Сергія, словника.
У друга, зошита.
У Петра, батька.
У викладача, часу.
У Марти, олівця.
У студента, телевізора.
У Наталі, екзамену.
У мами, здоров'я.
В Оксани, уроку.

10 p. 176

1) вулиць, театрів, музеїв.
2) машин, автобусів, трамваїв.
3) людей, чоловіків, жінок.
4) листів, листівок.
5) книжок, журналів.

6) зошитів, ручок, олівців.

11 p. 177

Веденням, вихованням, доглядом за будинком, іншими дрібними справами, неписьменними, обмеженою, з чоловіками, відомими.

12 p. 177

1) своїм чоловіком.
2) моєю подругою.
3) його молодшим братом.
4) вашим другом.
5) іншим викладачем.
6) іноземним студентом.
7) відомим спортсменом.
8) його сестрою.
9) її подругою.
10) нашим деканом.

13 p. 178

Віктор хоче бути шофером, тому що він дуже любить машини.
Іван хоче бути будівельником, тому що йому подобається будувати міста.
Марія хоче бути викладачем, тому що вона любить інститут.
Ганна хоче бути музикантом, тому що вона пише музику.
Ігор хоче бути спортсменом, тому що він любить спорт.
Марта хоче бути лікарем, тому що вона любить допомагати людям.
Олена хоче бути художником, тому що вона любить малювати.

14 (зразок) **p. 179**

Олег вивчає інформатику, тому що хоче бути програмістом.
Ми швидко написали домашнє завдання, тому що хочемо піти в кіно.
Оксана часто дивиться фільми, тому що їй подобаються фільми.
Віктор багато вчиться, тому що хоче бути хорошим спеціалістом.

Урок 18. Футбол

제 18과. 축구

4 p. 184

1) Англія вважається батьківщиною футболу.
2) В Англії були остаточно визначені футбольні правила, які діють і нині.
3) Однак деякі з перших правил змінилися, наприклад, у збірнику правил 1846 року було записано, що всі матчі, де не відкрито рахунок, мають тривати... не більше трьох днів!
4) В Англії 1855 року було проведено й перший чемпіонат з футболу.
5) У ньому брали участь лише кілька команд, і всі вони були з Кембриджського університету.
6) 26 жовтня 1865 року в Лондоні було організовано єдину футбольну асоціацію.
7) У 1875 році на полі з'явилися судді.

Спочатку їх було двоє, а третій, головний, ставав на узвишшя і стежив за грою здалеку.

8) У ті часи головний суддя зупиняв матч дзвіночком.
9) У Бразилії.
10) В Україні найдавніші традиції футболу мають одесити.

5 p. 184

Пізніше – потім, після того.
Суддя – рефері, арбітр.

6 p. 184

З'явитися – зникнути.
Зупиняти – починати, розпочинати.

8 p. 186

1) визначені, діють
2) змінилися
3) проведено
4) організовано
5) затягнувся, з'явилися
6) з'явилися
7) зупиняв
8) відіграли
9) мають
10) переїхали

9 p. 187

1846 року, 1855 року, 26 жовтня 1865 року, у 1875 році, у сімдесятих роках XIX століття, у 1878 році.

10 (зразок) **p. 188**

У 1991 році Україна стала незалежною державою.
У кінці XIX – на початку XX століть багато українців виїхали за кордон.

11 p. 189

В Англії були остаточно визначені футбольні правила, які, переважно, діють і нині.
Скажімо, у збірнику правил 1846 року було записано, що всі матчі, де не відкрито рахунок, мають тривати... не більше трьох днів!
Правда, у ньому брали участь лише кілька команд, і всі вони були з Кембриджського університету.
Правда, у ньому брали участь лише кілька команд, і всі вони були з Кембриджського університету.
Цікаво, що в ті часи головний суддя зупиняв матч ... дзвіночком.

12 (зразок) **p. 189**

Мабуть, завтра буде падати дощ.
Цікаво, що восени, в один і той же час, птахи завжди відлітають в теплі краї.
На мою думку, багато людей хоче жити мирно і щасливо.

БІБЛІОГРАФІЯ
참고문헌

ПІДРУЧНИКИ(교과서)

1. *Антонів О.* Українська мова для іноземців : модульний курс : [навчальний посібник] / О. Антонів, Л. Паучок. – К. : Видавництво „Фірма ІНКОС", 2012. – 268 с. + компакт-диск.
2. Вивчаємо українську : [підручник] / [укл. Л. Г. Новицька, Т. М. Поліщук]. – Львів, 1995. – 260 с.
3. *Вінницька В. М.* Українська мова як іноземна (початковий курс) / В. М. Вінницька, Л. С. Головяшина, Н. П. Плющ. – К. : Видавничо-поліграфічний центр „Київський університет", 2002. – 379 с.
4. *Вінницька В. М.* Українська мова : практичний курс граматики для студентів-іноземців / В. М. Вінницька, Н. П. Плющ. – К. : Видавничо-поліграфічний центр „Київський університет", 2003. – 272 с.
5. *Головко В.* Українська мова : Розмовний практикум : [посібник для іноземців] / В. Головко, Л. Паламар. – К. : Видавництво „Бібліотека українця", 2002. – 168 с.
6. *Зайченко Н. Ф.* Практичний курс української мови для іноземців : усне мовлення / Н. Ф. Зайченко, С. А. Воробйова. – К. : Знання України, 2004. – 324 с.
7. Історія української літератури XX ст. : у двох книгах / [за ред. В. Г. Дончика]. – К. : Либідь, 1994.
8. Історія української літератури XIX ст. : у трьох книгах. / [за ред. М. Яценка]. – К. : Либідь, 1995.
9. *Кобернік С. Г.* Географія: довідник для абітурієнтів та школярів загальноосвітніх навчальних закладів : [навчально-методичний посібник] / С. Г. Кобернік, Р. Р. Коваленко. – К. : Літера ЛТД, 2009. – 592 с.
10. *Мазурик Д.* Крок за кроком : Українська мова для іноземців. – [Рукопис].

11. *Макарова Г. І.* Let's Speak Ukrainian (Розмовляємо українською) : у 3 кн. / Г. І. Макарова, Л. М. Паламар, Н. К. Присяжнюк. – К. : Видавництво „Фірма ІНКОС", 2002.

12. *Сокіл Б.* Дієслівне керування в українській мові : [навчальний посібник] / Б. Сокіл, Л. Новіцька, М. Товкало. – Львів : „Магнолія 2006", 2008. – 752 с.

13. *Фролова Т. Д.* Українська за 26 днів : Українська для тих, хто її не вивчав : [навчальний посібник]. – К. : Видавництво А.С.К., 2004. – 304 с.

14. Lviv : A Guidebook for the Visitor / Львів : Туристичний путівник / [за ред. Ю. Бірюльова]. – Lviv : Publishing House «Centre of Europe», 1999 – 548 с.

СЛОВНИКИ(사전)

1. Великий тлумачний словник сучасної української мови / [уклад. і гол. ред. В. Т. Бусел]. – К. : Ірпінь, 2001. – 1440 с.

2. Словник синонімів української мови : у 2-х томах / [укл. А. А. Бурячок, Г. М. Гнатюк та ін.]. – К. : Наукова думка, 1999.

3. Словник : Англійсько-український. Українсько-англійський : [посібник для загальноосвіт. та вищ. навч. закл.] / [упоряд. та заг. редакція В. Т. Бусела]. – К. : Перун, 2010. – 464 с.

4. Українська мова : Енциклопедія / [Редкол. : В. М. Русанівський, О. О. Тараненко, М. П. Зяблюк]. – К. : Українська енциклопедія ім. М. П. Бажана, 2000. – 752 с.

УКРАЇНСЬКА
МОВА ЯК ІНОЗЕМНА
Рівень В1-В2

실용
우크라이나어

초판 인쇄	2016년 6월 20일
초판 발행	2016년 6월 27일
지은이	이리나 즈비르(Ірина Збир)
발행인	김인철
총괄 · 기획	장지호 Director, University Press
편집장	신선호 Executive Knowledge Contents Creator
도서편집	김민정 Contents Creator
	진수연 Contents Creator
전자책편집	최인우 Chief e-Contents Creator
마케팅	곽용창 Chief Marketing Creator
재무관리	권미경 Chief Managing Creator
	김은혜 Managing Creator
발행처	한국외국어대학교 지식출판원 02450 서울특별시 동대문구 이문로 107 전화 02)2173-2493~7 팩스 02)2173-3363 홈페이지 http://press.hufs.ac.kr 전자우편 press@hufs.ac.kr 출판등록 제6-6호(1969. 4. 30)
디자인 · 편집	(주)이환디앤비 02)2254-4301
인쇄 · 제본	네오프린텍 02)718-3111

ISBN 979-11-5901-067-5 13790　　정가 20,000원

*잘못된 책은 교환하여 드립니다.

HUiNE은 한국외국어대학교 지식출판원의 어학 및 사회과학도서 Sub Brand이다. 한국외대의 영문명인 HUFS, 현명한 국제전문가 양성의(International+Intelligent)의 의미를 담고 있으며, 휴인(携引)의 뜻인 '이끌다, 끌고 나가다'라는 의미처럼 출판계를 이끄는 리더로서, 혁신의 이미지를 담고 있다.

이 책의 음원(mp3)은 한국외국어대학교 지식출판원 홈페이지(press.hufs.ac.kr) – 게시판 – 자료실에서 다운받아 사용하시기 바랍니다.